DAS BUCH DES SMART MARKETING

Das Buch des Smart Marketing

Das Handbuch für effektives Marketing

1. Auflage

ISBN 978-3-03876-547-9

Übersetzung: Claudia Koch
Lektorat: Elke Franz
Layout: Ulrich Borstelmann
Druck und Bindung: FINIDR

Printed in Europe

Midas Verlag AG, Dunantstrasse 3, CH 8044 Zürich
Webseite: www.midas.ch, E-Mail: kontakt@midas.ch

Midas Büro Berlin, Mommsenstraße 43, D 10629 Berlin
E-Mail: berlin@midasverlag.com (GPSR)

Die Deutsche Nationalbibliothek verzeichnet diese Publikation in der Deutschen Nationalbibliografie, detaillierte bibliografische Daten sind im Internet über http://dnb.de abrufbar.

DAN WHITE

DAS BUCH DES SMART MARKETING

Das Handbuch für effektives Marketing

MIDAS

INHALT

EINFÜHRUNG vi

1 MARKETING 1
1.1 WIE UNTERNEHMEN GELD VERDIENEN 2
1.2 ZWECK DES MARKETINGS 4
1.3 WACHSTUMSSTRATEGIEN 6
1.4 DER MARKETING-MIX 8
1.5 PARTNER DES MARKETINGS 11

2 ENTWICKLUNG EINER MARKE 15
2.1 MARKEN IM GEHIRN 16
2.2 MARKENZWECK UND STRATEGIE 19
2.3 DIE MARKEN-PIÑATA 22
2.4 PREIS-POSITIONIERUNG 25
2.5 MARKEN-KPIs 27

3 MARKEN-ERFAHRUNG 31
3.1 DIE MARKE DEFINIEREN 32
3.2 DIE ENTSCHEIDENDEN MOMENTE 35
3.3 EXZELLENZ IM KUNDENDIENST 38
3.4 BESCHWERDE-MANAGEMENT 41
3.5 KUNDENSERVICE-SYSTEME 44

4 INNOVATION 47
4.1 INNOVATIONSSTRATEGIE 48
4.2 INNOVATIONSPROZESS 51
4.3 INNOVATIVE IDEEN GENERIEREN 55
4.4 DAS INNOVATIONSPOTENZIAL AUSLOTEN 58
4.5 MARKTEINFÜHRUNG NEUER PRODUKTE 61

5 KOMMUNIKATION 65
5.1 WIE KOMMUNIKATION FUNKTIONIERT 66
5.2 MIT KOMMUNIKATION EINE MARKE AUFBAUEN 69
5.3 DIE RICHTIGEN MEDIEN WÄHLEN 72

5.4 ROLLE VON KANÄLEN UND BEZIEHUNGEN 77
5.5 MEDIENPLANUNG UND BUDGET 80

6 KREATIVE INHALTE 85
6.1 EINE IDEE ZUR KOMMUNIKATION ENTWICKELN 86
6.2 KREATIVE IDEEN BEWERTEN 89
6.3 INHALTE BEWERTEN 92
6.4 DIE BEDEUTUNG DES BRANDINGS 96
6.5 INHALT OPTIMIEREN 99

7 WERBEMASSNAHMEN 103
7.1 PREISE ANPASSEN? WANN? 104
7.2 AKTIONSPREISE WANN? 106
7.3 WERBEAKTIONEN ZUM AUSBAU DES KUNDENSTAMMS 109
7.4 WERBUNG, UM KUNDEN ZURÜCKZUGEWINNEN 112
7.5 PROGRAMME ZUR KUNDENBINDUNG 115

8 MESSUNGEN 119
8.1 DATENGETRIEBENES MARKETING 120
8.2 MARKENFORTSCHRITT MESSEN 123
8.3 KOMMUNIKATIONSWIRKSAMKEIT MESSEN 125
8.4 KUNDENERLEBNIS MESSEN 130
8.5 MITBEWERBER IM AUGE BEHALTEN 133

9 MARKENBEWERTUNG 137
9.1 MARKENSTRATEGIE BEWERTEN 138
9.2 EINE NEUE MARKENSTRATEGIE ENTWICKELN 140
9.3 MARKETING-PLANUNG 144
9.4 BUDGET FESTLEGEN 147
9.5 MARKEN-PORTFOLIOS 150

10 MARKE ERWEITERN 155
10.1 AUF NEUE KATEGORIEN AUSDEHNEN 156
10.2 MARKE LIZENZIEREN 160
10.3 SKALIERUNG AUF NEUE REGIONEN 163
10.4 INTERNATIONALE VS. LOKALE KOMMUNIKATION 166
10.5 KERNKOMPETENZEN NUTZEN 171

DER AUTOR 175

EINFÜHRUNG

Marketing ist ein spannender, dynamischer Bereich, der ein unvergleichliches Maß an Wissen, technischem Verständnis und Kreativität erfordert. Psychologische Erkenntnisse und neue Technologien schaffen einen ständigen Strom neuer Möglichkeiten im Marketing. Diese Innovationen bringen jedoch auch Risiken und erhebliche Verwirrung mit sich. Marketingexperten können sich von all der Komplexität und den neuen Ideen, die sie verarbeiten sollen, überwältigt fühlen. Die meisten Marketing-Bücher führen zu diesem mentalen Stau, indem sie eine neue Perspektive im Detail erforschen, ohne zu erklären, wie sie sich zu den etablierten Marketing-Prinzipien verhält. Immer neue Trends führen dazu, dass Marketingfachleute ihr Handwerk in einem Bereich auf Kosten anderer verfeinern. Nur wenige Vermarkter haben Zeit, allzu spezialisierte Bücher zu lesen, die das große Ganze außer Acht lassen.

Das *Buch des Smart Marketing* ist anders. Es vereint altes und neues Marketingdenken und erklärt in klaren, prägnanten Worten, wie alles zusammenhängt und wie es bei der täglichen Entscheidungsfindung angewendet werden kann. Technologien und Geschäftsmodelle mögen sich ständig wandeln, aber die Funktionsweise des Gehirns entwickelt sich nur langsam weiter. Dieses Buch stattet Vermarkter mit den Grundsätzen und Konzepten aus, die sie benötigen, um das Neue zu verinnerlichen und sich in der Komplexität der Branche zurechtzufinden.

In den folgenden zehn Kapiteln werden verschiedene Aspekte des Marketings behandelt. Jedes Kapitel steht für sich allein, aber Neulinge in diesem Bereich werden es einfacher finden, ihr Wissen aufzubauen, indem sie die Kapitel der Reihe nach lesen. Die Ideen werden in einer klaren, verständlichen Sprache vermittelt, die durch – teils alte, teils neue – Frameworks unterstützt und durch einzigartige Visualisierungen zum Leben erweckt wird. Ziel ist es, dass die Leser komplexe Ideen mit Leichtigkeit aufnehmen und sie sicher anwenden können.

Das Buch des Smart Marketing ist ein unverzichtbarer Leitfaden für alle, die sich der faszinierenden Herausforderung stellen, eine Karriere im Marketing aufzubauen.

TEIL EINS

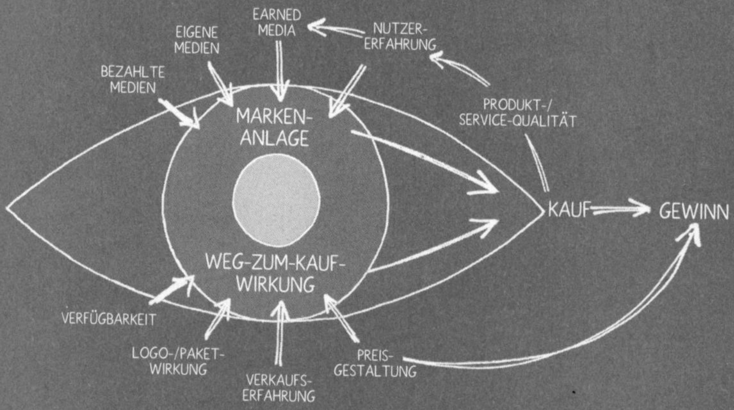

MARKETING

1.1 WIE UNTERNEHMEN GELD VERDIENEN

Die meisten Unternehmen dienen dazu, für ihre Eigentümer Geld zu einzunehmen, und müssen daher bessere Renditen erzielen als Alternativen wie Staatsanleihen, die ein geringes Risiko bei garantierten Erträgen bieten. In den letzten Jahrzehnten haben Anleihen zwischen 2 % und 5 % pro Jahr abgeworfen, was erklärt, warum Unternehmen in der Regel einen Gewinn anstreben, der deutlich darüber liegt, oft bei 10 % oder mehr.

Die Finanzen eines Unternehmens funktionieren genauso wie die eines Haushalts. Wenn die Einnahmen höher sind als die Ausgaben, erzielt man einen Gewinn und sammelt Bargeld an. In der Wirtschaft fließt dieses Geld entweder an die Eigentümer/Aktionäre oder es wird in das Unternehmen investiert, um die künftigen Gewinne zu maximieren.

WIE UNTERNEHMEN GELD VERDIENEN

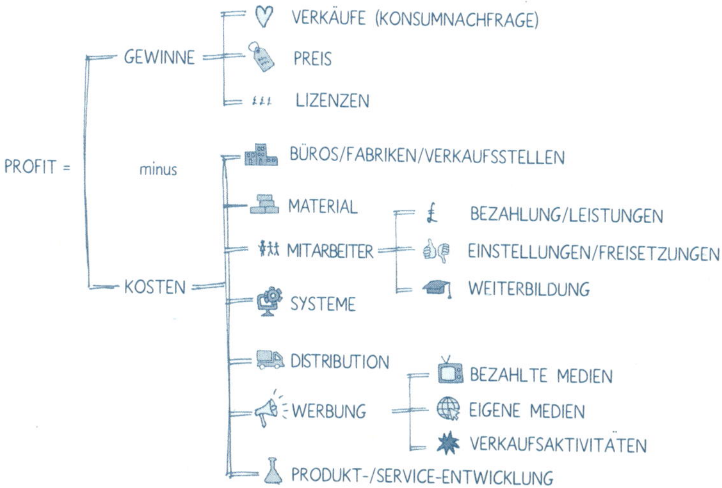

Die Erträge hängen von der Menge der verkauften Produkte oder Dienstleistungen, dem Preis, zu dem sie verkauft werden, und den Lizenzgebühren ab, die von Partnern gezahlt werden, die das Angebot des Unternehmens in Lizenz verkaufen.

Kosten können durch den Bedarf an Gebäuden, Materialien, Ausrüstung und Software sowie durch die Einstellung, Schulung und Bezahlung von Mitarbeitern entstehen. Außerdem können Kosten für den Transport der Waren zu den Einzelhändlern und für die Vermarktung der Produkte anfallen, um den Absatz anzukurbeln. Die meisten Unternehmen haben auch laufende Kosten für die Entwicklung neuer und verbesserter Produkte und Dienstleistungen, um das Angebot des Unternehmens wettbewerbsfähig zu halten.

1.2 ZWECK DES MARKETINGS

Es gibt keine universelle Definition von Marketing. Der Begriff kann sich sowohl auf die Art und Weise beziehen, wie ein Unternehmen Geld verdient, als auch auf die Verantwortung innerhalb eines Unternehmens für die Steuerung dieses Ansatzes. Für dieses Buch ist die Definition kurz und bündig:

Produkte oder Dienstleistungen zu entwickeln, zu fördern und zu liefern, die durch den von ihnen geschaffenen Kundenwert die Umsetzung von Geschäftszielen ermöglichen.

Diese Definition unterstreicht die Verantwortung des Marketings für das Gleichgewicht zwischen der Notwendigkeit des Unternehmens, Gewinn zu erzielen, und der Notwendigkeit, dass die Kunden mit dem, was sie für ihr Geld erhalten, zufrieden sind. Effektives Marketing beinhaltet die Schaffung von Werten, die sowohl dem Kunden als auch dem Unternehmen zugute kommen.

Gute marketingorientierte Unternehmen suchen ständig nach Möglichkeiten, den Abstand zwischen dem Kundenwert und den Kosten der Bereitstellung zu vergrößern.

AUSWIRKUNGEN DES MARKETINGS

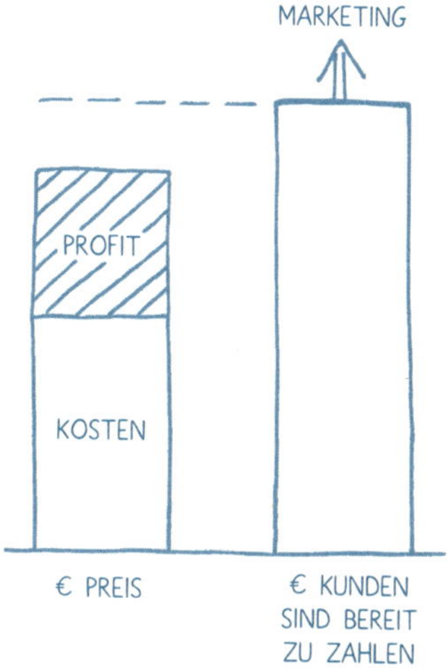

Die Ausweitung der Schere schafft Möglichkeiten für das Unternehmen. Eine Option besteht darin, die Preise relativ niedrig zu halten und den Kunden ein außergewöhnlich gutes Angebot zu machen. Dies wird dazu beitragen, mehr Kunden anzuziehen und positive Bewertungen und Empfehlungen zu generieren, die wiederum noch mehr Kunden anlocken. Alternativ könnte der durch das Marketing geschaffene Kundenwert dazu genutzt werden, höhere Preise zu verlangen, um einen größeren Gewinn zu erzielen. Was auch immer die kommerziellen Ziele des Unternehmens sind, Marketing kann sie unterstützen, indem es den Kundenwert maximiert.

Marketing trägt auch zu einem Unternehmen bei, indem es unterstreicht, warum es das Unternehmen gibt und welchen Beitrag es für die Welt leistet. Das Konzept eines Zwecks, der über den Gewinn hinausgeht, kann die Entwicklung eines Unternehmens leiten, Mitarbeitende inspirieren und potenzielle Mitarbeitende anziehen.

1.3 WACHSTUMS-STRATEGIEN

Die Produkt-Markt-Matrix (auch Ansoff-Matrix, die von dem Mathematiker und Unternehmer Igor Ansoff entwickelt wurde) zeigt vier Möglichkeiten auf, Wachstum zu erzielen. Die wichtigste Entscheidung ist, ob ein bestehendes Angebot erweitert oder etwas Neues entwickelt werden soll. Die gewählte Strategie bestimmt, worauf das Unternehmen seine Zeit und sein Geld konzentrieren sollte.

PRODUKT-MARKT-MATRIX NACH ANSOFF

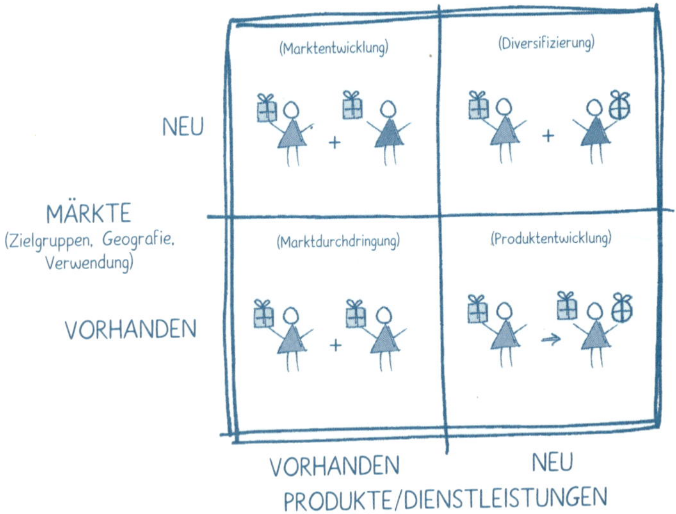

MARKTDURCHDRINGUNG

Diese Strategie eignet sich für Unternehmen mit einem Produkt, das stärker als das der Konkurrenz ist, aber noch nicht von einem Großteil der Zielgruppe entdeckt wurde. Mit anderen Worten: Es gibt noch viel »Spielraum« für Wachstum, der durch weitere Investitionen in Vertrieb, Verkauf und Marketing erschlossen werden könnte.

MARKTENTWICKLUNG

Dies ist eine wirksame Strategie, wenn die Marke auf ihrem derzeitigen Markt eine Sättigung erreicht, aber ihren Erfolg bei anderen Verbrauchertypen oder in neuen Regionen wiederholen könnte. Der Erfolg hängt von einer wirkungsvollen Marketingaktivität und einer effizienten Verteilung an neue Zielgruppen ab.

PRODUKTENTWICKLUNG

Dies ist eine praktikable Strategie, wenn die bestehenden Kunden die Marke sehr schätzen und für neue Produkte empfänglich sind. Marken, die als vertrauenswürdig und innovativ gelten, sind hier im Vorteil. Dies erklärt die Menschenschlangen vor den Apple-Läden in den 2000er-Jahren. Damit eine Produktentwicklungsstrategie erfolgreich ist, muss das Unternehmen über ein ausreichendes Budget verfügen, um aufregende neue Produkte zu entwickeln, die von der treuen Kundschaft der Marke gerne gekauft werden.

DIVERSIFIZIERUNG

Diese Strategie ist äußerst selten, da sie nur dann realisierbar ist, wenn das Unternehmen das Geld hat, neue Produkte zu entwickeln und gleichzeitig in neue Regionen zu expandieren. Dies ist in der Regel nur dann der Fall, wenn das Unternehmen über eine Entwicklung verfügt, die der aktuellen weit voraus ist, und zudem reichlich finanzielle Unterstützung erfährt.

1.4 DER MARKETING-MIX

Sobald die Wachstumsstrategie festgelegt ist, wird sie durch Investitionen in den »Marketing-Mix« in die Tat umgesetzt. Dieser besteht aus den Variablen, die den Wert der Produkte und Dienstleistungen des Unternehmens für die Kunden beeinflussen, und kann als die vier, fünf, sechs oder sieben »Ps« des Marketings bezeichnet werden.

DIE VIELEN Ps DES MARKETINGS

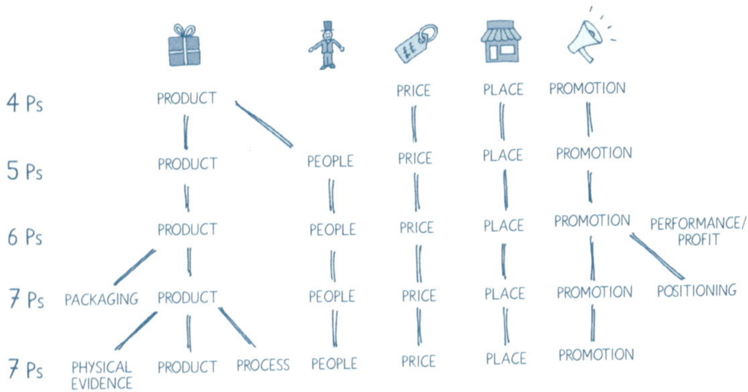

Die ursprüngliche Fassung umfasst den gesamten Mix; spätere Versionen heben Komponenten hervor, die aus den Bezeichnungen der vier Kernbereiche nicht sofort ersichtlich sind.

Das Buch des Smart Marketing verwendet ein Framework der Ps, führt jedoch auch eine moderne Terminologie ein und zeigt, wie die Elemente interagieren, um das Kaufverhalten zu beeinflussen und Gewinne zu erwirtschaften.

DAS MARKETING-MIX-AUGE

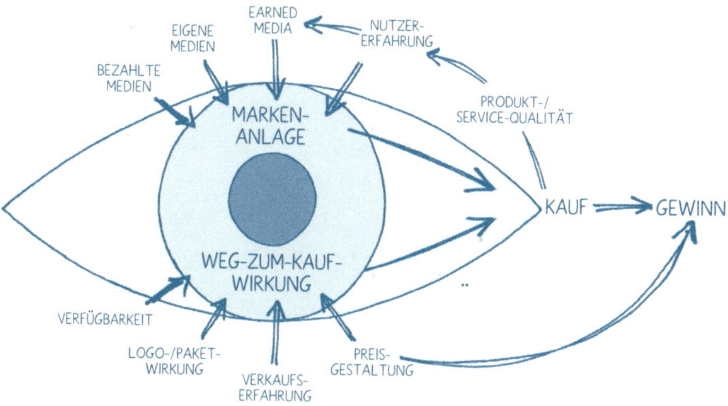

MARKENANLAGE: wie stark die Menschen für die Marke empfänglich sind. Eine höhere Markenprädisposition bedeutet, dass mehr Kunden bereit sind, die Marke zum geforderten Preis zu kaufen. Der Begriff »Markenwert« wird häufig in ähnlicher Weise wie der Begriff »Markenpräferenz« verwendet.

BEZAHLTE MEDIEN: externe Kommunikationskanäle, die bezahlt werden müssen. Darunter fallen z. B. soziale Medien, Video-Streaming-Dienste, Fernsehen, Zeitschriften, Aktivitäten in Geschäften, bezahlte Suche und Sponsoring.

EIGENE MEDIEN: unternehmenseigene Kommunikationsmechanismen wie Websites, Profile in sozialen Medien, Newsletter für Abonnenten und eigene Einzelhandelsgeschäfte.

EARNED MEDIA: positive oder negative Kommentare über die Marke von Dritten wie Nachrichten, Zeitschriftenartikel, Vlogs, Kundenrezensionen oder Kommentare in sozialen Medien.

NUTZER-ERFAHRUNG: wie die Menschen ihre Erfahrungen mit dem Produkt nach einer Probe oder nach dem Kauf empfinden. Dies ist bei Weitem der größte Einfluss auf die Markenprädisposition und hängt von der Qualität des Produkts oder der Dienstleistung ab.

WEG-ZUM-KAUF-WIRKUNG: was die Menschen im Vorfeld einer Kaufentscheidung erleben, was sie dazu veranlassen könnte, die Marke mehr oder weniger wahrscheinlich zu kaufen.

VERFÜGBARKEIT: wie einfach es für die Menschen ist, die Marke kennenzulernen, auszuprobieren und zu kaufen.

LOGO-/PAKET-WIRKUNG: die Fähigkeit des Logos oder des Verpackungsdesigns, die Aufmerksamkeit auf sich zu ziehen und positive Gefühle für die Marke hervorzurufen.

KAUFERFAHRUNG: was die Menschen in den Momenten vor dem Kauf erleben. Dazu gehören Preisangebote oder andere Anreize, die von der Marke und den Wettbewerbern angeboten werden. Diese haben einen großen Einfluss darauf, für welche Marke man sich entscheidet, vor allem bei Personen, die nicht unbedingt zum Kauf einer bestimmten Marke neigen.

PREISGESTALTUNG: der Preis der Marke im Vergleich zu Alternativen. Dies ist die Nagelprobe dafür, wie wirksam die Marketingaktivitäten waren, um die Marke gegenüber der Konkurrenz zu positionieren, sodass die Menschen die Marke zu dem geforderten Preis kaufen werden.

1.5 PARTNER DES MARKETINGS

Damit das Marketing einen starken Einfluss auf das Unternehmen ausüben kann, muss es enge Beziehungen zu anderen Geschäftsbereichen und externen Lieferanten aufbauen. Dies stellt sicher, dass sich alle darauf konzentrieren, ein Nutzererlebnis zu schaffen, das die Erwartungen erfüllt oder übertrifft.

DIE WICHTIGSTEN PARTNER DES MARKETINGS

MARKTRECHERCHE

Die Marktforschung ist der engste Verbündete des Marketings, denn sie liefert das nötige Verbraucherwissen, um die Strategie zu lenken und den Marketing-Mix zu optimieren.

FINANZEN

Marketing ist eine der wenigen Investitionen, die Unternehmen als optional betrachten. Vor allem bei etablierten Firmen führt eine Kürzung der Marketingausgaben in der Regel nicht zu einem plötzlichen Umsatzrückgang, sondern zu einer Senkung der Unternehmenskosten und einer Verbesserung der Gewinne, weshalb die Marketingbudgets häufig gekürzt werden, um kurzfristige Ziele zu erreichen. Marketinginvestitionen sind jedoch für einen nachhaltigen Unternehmenserfolg unerlässlich. Die Vermarkter müssen den langfristigen Ertrag von Marketinginvestitionen klar nachweisen, um die jährlichen Budgets zu rechtfertigen und zu sichern.

FORSCHUNG & ENTWICKLUNG

Die Marketingexperten sind dafür verantwortlich, die F&E (Forschung und Entwicklung) des Unternehmens zu lenken, um neue Produkte zu schaffen, die die Verbraucher zu schätzen wissen. Die Aufgabe sollte darin bestehen, einzigartige Möglichkeiten zu finden, das Leben der Menschen zu verbessern, die mehr wert sind, als das Unternehmen für ihre Bereitstellung ausgeben müsste.

KREATIVAGENTUR

Die Aufgabe der Kreativagentur besteht darin, auf der Grundlage der Besonderheiten der Marke und ihrer Produkte eine Idee zu entwickeln, die bei potenziellen Kunden auf große Resonanz stößt. Diese Idee wird zum grundlegenden Thema, das sich in der gesamten Kommunikation der Marke widerspiegelt.

MEDIENAGENTUR

Die Aufgabe der Media-Agentur besteht darin, die kosteneffizientesten Wege zu finden, um mit den Menschen in der Zielgruppe in Kontakt zu treten, wenn diese für das Angebot der Marke empfänglich sind.

OPERATIVES GESCHÄFT

In einem perfekten Unternehmen hält das Kundenerlebnis, was das Marketing verspricht. In der Realität können betriebliche Einschränkungen dazu führen, dass die Leistungen hinter dem gewünschten Standard zurückbleiben. Marketing- und operative Teams müssen eng zusammenarbeiten, um sicherzustellen, dass die Kundenerwartungen stets mit dem übereinstimmen, was das Unternehmen zu liefern in der Lage ist.

VERTRIEB

Das Marketing informiert das Vertriebsteam darüber, was verkauft werden soll, an wen es sich richten soll und welche Verkaufsbotschaften Vorrang haben sollen. Der direkte Kontakt mit den Kunden bedeutet, dass die Vertriebsmitarbeiter schnell lernen, was überzeugend ist und was nicht. Es zahlt sich also für die Vermarkter aus, genau auf dieses Feedback zu hören und es zu nutzen, um den Mix anzupassen.

IT

Effektives Marketing hängt zunehmend davon ab, die Vielzahl der verfügbaren Daten über das Verhalten und die Einstellungen der Verbraucher zu nutzen. Marketingexperten müssen wissen, wie sie diese Daten zur Steuerung der Strategie und zur Optimierung der Marketingaktivitäten einsetzen können. Sie müssen mit IT-Spezialisten zusammenarbeiten, um festzulegen, wie die Daten gesammelt, analysiert und dem Unternehmen zur Verfügung gestellt werden können, um eine bessere Entscheidungsfindung zu ermöglichen.

TEIL ZWEI

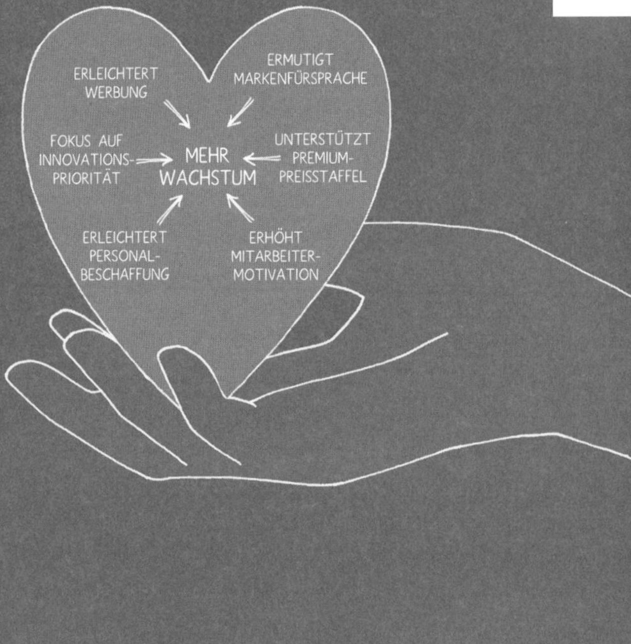

ENTWICKLUNG EINER MARKE

2.1 MARKEN IM GEHIRN

Marken sind im Wesentlichen Erinnerungen: Sammlungen von Verbindungen im Gehirn, die sich im Laufe der Zeit aufbauen und ständig weiterentwickeln, je mehr Erfahrungen die Menschen mit der Marke machen. Die Marke wird von einer Person zur nächsten unterschiedlich ausfallen, je nachdem, welche Erfahrungen sie gemacht hat.

Eine Marke kann als die Assoziationen definiert werden, die den Menschen in den Sinn kommen, wenn sie mit der Marke in Berührung kommen. Zu den Assoziationen können der Name der Marke, ihr Logo, das Aussehen und die Funktion des Produkts gehören. Sie können auch Erinnerungen an die Verwendung der Marke umfassen, die auf aktuellen oder früheren Erfahrungen beruhen, sowie alle Wörter, Klänge, Bilder oder Ideen, an die man sich aus der Kommunikation der Marke erinnert.

BEISPIEL FÜR MARKENASSOZIATIONEN

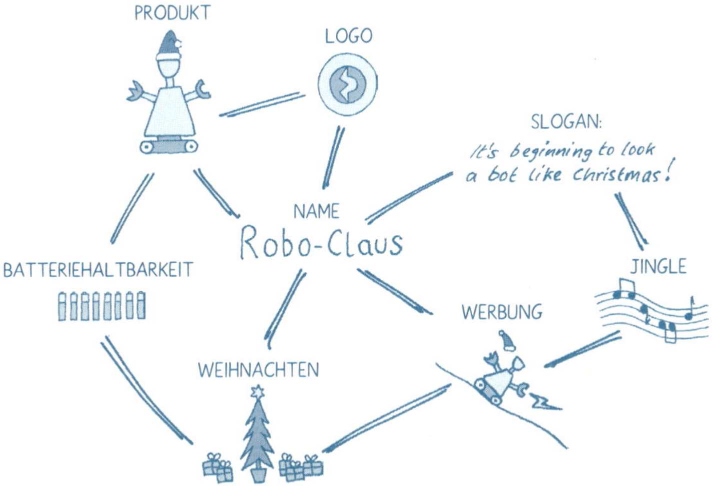

In diesem fiktiven Beispiel ist der Robo-Claus ein Spielzeugroboter für kleine Kinder mit austauschbaren Greifern und einer Weihnachtsmannmütze. Er wird seit Jahren als ein Muss unter den Weihnachtsgeschenken beworben. In der Werbung werden Geschichten erzählt, in denen der Roboter mit seinen vielseitigen Greifern dem Weihnachtsmann hilft, am Heiligen Abend die Geschenke auszuliefern. Leider ist der Robo-Claus dafür berüchtigt, dass er sehr viele Batterien benötigt, was bedeutet, dass er normalerweise vor dem zweiten Weihnachtsfeiertag außer Gefecht gesetzt ist. Das Diagramm veranschaulicht, wie die häufigsten mentalen Assoziationen von Robo-Claus aussehen könnten.

Die Assoziationen, die mit einer Marke verbunden sind, beeinflussen, ob sie gekauft wird oder nicht, und zwar im Zusammenhang mit alternativen Angeboten und relativen Preisen. Sie können den Kauf sofort oder erst Jahrzehnte später beeinflussen. An manche Werbespots, die seit über 50 Jahren nicht mehr ausgestrahlt wurden, erinnert man sich heute noch lebhaft; ein berühmtes Beispiel ist ein britischer Werbespot mit sprechenden Schimpansen, die ein Klavier die Treppe hinuntertragen. Für das Marketing ist es von Bedeutung, wie all diese Assoziationen Kaufentscheidungen beeinflussen und wie sie weiterentwickelt werden können, damit ein größerer Teil der Zielgruppe in Zukunft die Marke häufiger kaufen wird. Im folgenden Abschnitt wird ein Verfahren vorgestellt, mit dem Marketingexperten die Assoziationen ermitteln können, die für das Wachstum der Marke am besten geeignet sind – der Eckpfeiler der Markenstrategie.

2.2 MARKENZWECK UND STRATEGIE

Marken entstehen, wenn jemand eine Idee für ein Produkt hat, von dem er glaubt, dass andere es kaufen wollen. Es gibt einen Grund, die Marke in die Welt zu bringen – einen klaren Zweck. Eric Ryan und Adam Lowry, die Mitbegründer von Method-Reinigungsprodukten, glaubten, dass die Menschen mehr für umweltfreundliche Produkte zahlen würden, wenn diese sowohl stilvoll sind als auch die Umwelt schonen. Das schnelle Wachstum ihrer Marke gibt ihnen Recht.

Unternehmer müssen sich darüber im Klaren sein, wofür ihre Marke stehen soll, denn die geschäftlichen Vorteile einer solchen Vorgehensweise sind beträchtlich.

VORTEILE EINES KLAREN MARKENZWECKS

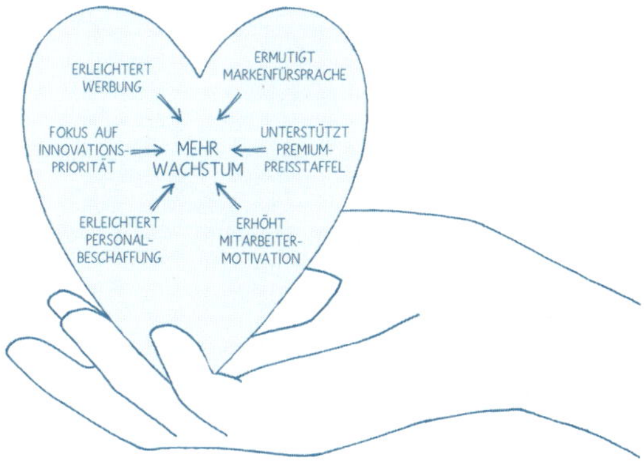

Der Markenzweck sollte sich auf das stützen, was das Unternehmen tut oder am besten kann, und auf das, was die Führungskräfte und Mitarbeiter wollen. Eine Marke, deren Zweck sich aus der Tätigkeit des Unternehmens ableitet und die Mitarbeiter dazu inspiriert, diese besser zu machen, wird mit größerer Wahrscheinlichkeit erfolgreich sein. Das von den Unternehmensstrategen Treacy und Wiersema in den 1990er-Jahren entwickelte Rahmenwerk der »Wertedisziplinen« hilft Unternehmen, den Bereich zu ermitteln, in dem sie das Potenzial haben, sich von der Konkurrenz abzuheben, und den sie zur Definition ihres Markenziels nutzen könnten. Der Rahmen erkennt an, dass ein Unternehmen, das in einem wettbewerbsorientierten Markt mit begrenzten Ressourcen tätig ist, nicht überall gleich gut sein kann.

WERTEDISZIPLINEN

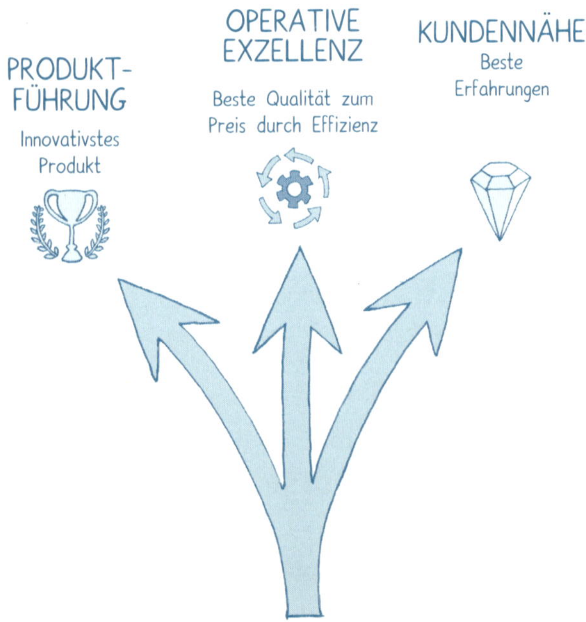

Das Konzept hebt drei potenzielle Disziplinen hervor, auf die man sich spezialisieren kann, sodass ein Kunde, der eine Disziplin besonders mag, die Marke mehr schätzt als andere. Erfolgreiche Unternehmen liefern in allen Disziplinen adäquate Leistungen, heben sich aber in einer Disziplin von ihren Wettbewerbern ab. Um dies zu erreichen, konzentrieren sie ihre Energie und ihre Ressourcen auf die von ihnen gewählte Disziplin.

Die besten Vermarkter entscheiden sich entweder für ein Unternehmen mit einem klaren Markenziel oder inspirieren ihr Unternehmen, ein solches zu entdecken (oder wiederzuentdecken). Steht der Zweck fest, hinter dem sich das Unternehmen versammeln kann, muss als nächstes die Markenstrategie entwickelt werden. Dabei handelt es sich um einen Geschäftsplan, in dem festgelegt wird, wie das Unternehmen mit den Produkten, die den Markennamen verwenden, Geld verdienen will, und der Folgendes umfasst:

- ein langfristiges finanzielles Ziel (z. B. 400.000 Dollar Jahresgewinn innerhalb von fünf Jahren)
- eine Beschreibung, wer die Marke auf der Grundlage des Markenzwecks kaufen wird (z. B. Menschen mit einem Jahreseinkommen von mehr als 75.000 Dollar, die gerne Auto fahren, aber den Planeten schützen wollen)
- Definition des/der zu verkaufenden Produkts/Produkte und des Zeitpunkts der Einführung und Verbesserung (z. B. Ausbau des Netzes von Ladepunkten im zweiten Jahr, ein leichteres Modell mit doppelter Batteriekapazität im dritten Jahr)
- die Anzahl der jährlichen Verkäufe und der durchschnittliche Verkaufspreis (in Übereinstimmung mit dem finanziellen Ziel)
- die Assoziationen, die um die Marke herum aufgebaut werden, um das Wachstum zu beschleunigen (festgehalten in »Die Marken-PIÑATA«, beschrieben im nächsten Abschnitt)

2.3 DIE MARKEN-PIÑATA

Die Marken-PIÑATA (**P**urpose, **I**nsight, **N**eeds, **A**ssociations, **T**estaments, **A**ssets – deutsch: Zweck, Einblick, Bedarf, Assoziationen, Bewertungen, Aktiva) ist ein Schema, das definiert, was Kunden mit einer Marke assoziieren sollen, um sie auch kaufen zu wollen. Traditionelle Konzepte wie der »Markenschlüssel« und die »Markenzwiebel« fördern intellektuell und sprachlich komplexe Markenbeschreibungen, obwohl Marken im Gehirn auf eine viel einfachere, ursprüngliche Weise gespeichert werden. Marken existieren als eine Collage aus unverarbeiteten Fragmenten von Klängen, Bildern und Ideen, die im Gehirn der Verbraucher mit der Marke verbunden sind. Diese Assoziationen rufen Gefühle gegenüber der Marke hervor, die mit denen der Wettbewerber konkurrieren und darüber entscheiden, welche Marke gewählt wird.

Die Marken-PIÑATA bündelt die Aufmerksamkeit auf die Elemente, die im Kopf der Verbraucher etabliert werden müssen, um die Marke zur überzeugendsten Wahl zu machen.

MARKEN-PIÑATA

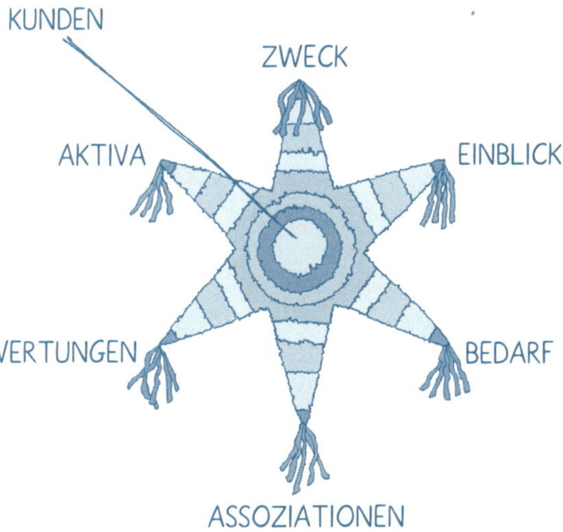

Die Kundendefinition und der Markenzweck sind der Ausgangspunkt und sollten von den Führungskräften des Unternehmens abgesegnet werden, da sie alle Aspekte des Unternehmens betreffen.

Als nächstes kommt der Einblick. Dabei handelt es sich um eine Idee, die mit dem Zweck der Marke verbunden ist und bei der Zielgruppe auf große Resonanz stößt. Für die Schokoladenmarke Snickers lautet die Erkenntnis, dass Menschen nicht sie selbst sind, wenn sie hungrig sind. Wir alle kennen das, und es steht im Zusammenhang mit dem Zweck der Marke: Menschen satt zu machen, wenn sie hungrig sind.

Der nächste Schritt besteht darin, die Bedürfnisse und Anlässe zu ermitteln, bei denen die Marke den Menschen in den Sinn kommen sollte. Die mentale Bindung wird durch die Markenkommunikation aufgebaut, sodass die Marke in den Sinn kommt, wenn jemand merkt, dass er ein Bedürfnis oder einen Wunsch nach etwas hat. Wenn jemand zum Beispiel viele Dinge für eine neue Wohnung kaufen muss, denkt er oder sie vielleicht an IKEA.

Als Nächstes wird definiert, welche Assoziationen (Ideen und Gefühle) und Zeugnisse (Geschichten, Behauptungen usw.) im Gehirn auftauchen sollen, sobald man an die Marke denkt. Wenn sie überzeugend genug sind, werden diese Assoziationen das Geschäft »besiegeln« und es dem Kunden leicht machen, eine Fahrt zu IKEA zu planen, ohne einen zweiten Gedanken an die Entscheidung zu verschwenden.

Damit die Marke leicht und schnell ins Gedächtnis kommt, ist es hilfreich, über eine Reihe von »unverwechselbaren Werten« (Bilder, Töne, Worte, Bräuche usw.) zu verfügen, die an allen Berührungspunkten der Marke wiederholt auftauchen. Die Twix-Werbung der 1980er-Jahre war vollgestopft mit Klängen, Bildern, Phrasen und Jingles, die dazu dienten, eine kohärente, zusammenhängende und länger anhaltende Erinnerung an die Marke zu schaffen. Modernere Beispiele sind M&S Food, Red Bull, Specsavers und natürlich Apple.

2.4 PREIS-POSITIONIERUNG

Der Preis einer Marke ist ein wesentlicher Bestandteil ihrer Positionierung. Eine Marke, die ein herausragendes Erlebnis bieten und den Kunden das Gefühl geben soll, stolz darauf zu sein, sie zu besitzen, braucht auch einen Premiumpreis. Louis Vuitton, Ferrari und Apple erhalten ihre Preise stets aufrecht, weil sie wissen, dass Preisnachlässe die Attraktivität einer Premiummarke ernsthaft untergraben können. Umgekehrt sollte eine Marke, die durch niedrige Preise Kunden anlocken soll, auf eine hochpreisige Verpackung verzichten, die die Vorstellung der Menschen von der Marke verwirren würde. Der Preis muss auf den Rest des Produktmixes abgestimmt sein.

DEN MARKETING-MIX NACH DEM PREIS AUSRICHTEN

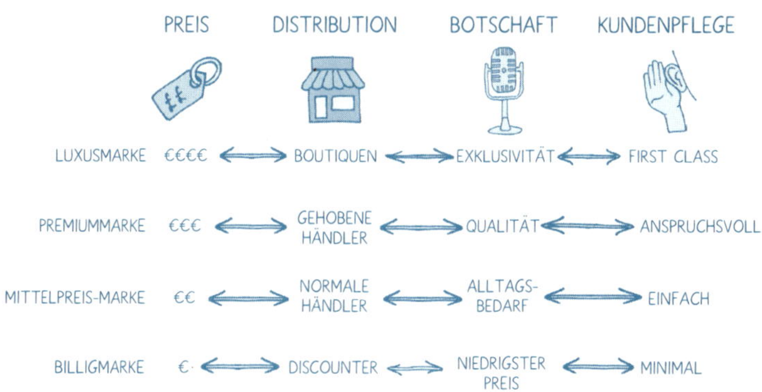

Wenn sich die Preise von Marken auf einem Markt erst einmal weitgehend etabliert haben, ist der Spielraum begrenzt. Eine Premiummarke kann ihren Preis nicht wesentlich senken, bevor sie unrentabel wird, und eine Billigmarke könnte ihren Preis nur dann glaubhaft erhöhen, wenn sie völlig neu positioniert würde, was langwierig und teuer ist. Die Verbraucher verwenden den Preis als einen der Indikatoren für die Qualität und den Wert einer Marke, und wenn sie die Preise vergleichen, dann tun sie dies in der Regel zwischen Marken innerhalb derselben Preisklasse. Die Preise von BMW werden mit denen von Audi verglichen, die von Ford mit denen von Peugeot, usw. Die meisten Menschen entscheiden sich für eine kleine Gruppe von Marken, die ihren Bedürfnissen am ehesten entsprechen, und vergleichen deren Preise. Wer eine bestimmte Marke bevorzugt, wird sich gerne für eine Alternative entscheiden, wenn der Preisunterschied groß genug ist.

Es gibt jedoch eine Möglichkeit, einen hohen Preis zu erzielen, ohne sich von anderen Marken abzugrenzen, und zwar indem man als etwas anderes gesehen wird. Wenn die Verbraucher eine Marke nicht direkt mit einer anderen vergleichen, werden sie auch keine Preise vergleichen. Nehmen Sie Nespresso als Beispiel. Als Nespresso auf den Markt kam, sahen die Menschen es als etwas völlig Neues und Andersartiges an, das nicht mit Instantkaffee vergleichbar war. Deshalb konnte die Marke 30 Cent pro Tasse verlangen statt fünf. Wenn die Menschen den Preis von Nespresso mit irgendetwas verglichen, dann mit den drei Euro oder mehr, die sie für ähnliche Getränke in Cafés zu zahlen gewohnt waren. Diese Neigung, den Wert in Relation zu anderen Dingen und nicht absolut zu beurteilen, ist in der Psychologie als »Verankerung« bekannt. Bei der Markteinführung eines Premium-Produkts sollten die Menschen ermutigt werden, es mit einem viel teureren »Anker« zu vergleichen.

2.5 MARKEN-KPIs

Unternehmen verwenden häufig wichtige Leistungsindikatoren (Key Performance Indicators, KPIs), um ihre Fortschritte zu verfolgen und Bereiche zu ermitteln, die eine stärkere Konzentration und Unterstützung durch das Management erfordern. Die Führungsteams beziehen sich auf die KPI-Berichte, um die Unternehmensaktivitäten anzupassen und die Chancen für die Erreichung der Ziele zu maximieren. Dashboards, die KPIs visualisieren, können anzeigen, wo das Unternehmen auf oder über dem Ziel liegt, indem sie den entsprechenden KPI grün einfärben. Liegt die Leistung nahe am Ziel, kann sie grau eingefärbt werden; liegt sie deutlich hinter dem Ziel zurück, kann sie rot eingefärbt werden. Die Betrachtung der KPIs auf diese Weise zeigt auf einen Blick die Gesamtleistung des Unternehmens und die Bereiche, die besonders hervorzuheben sind oder denen besondere Aufmerksamkeit gewidmet werden sollte.

Auf lange Sicht sind die wichtigsten Indikatoren für den Unternehmenserfolg natürlich finanzieller Natur. Für die Eigentümer/Anteilseigner steht der Gewinn in der Regel an erster Stelle. Die Darstellung der Unternehmenskennzahlen in Form einer Pyramide ermöglicht es, den Gewinn an die Spitze zu stellen. Sie veranschaulicht auch, wie alle Aspekte der Unternehmensleistung, die durch die Kennzahlen weiter unten in der Pyramide dargestellt werden, zum endgültigen finanziellen Ziel beitragen.

KPI-PYRAMIDE

Eine logisch aufgebaute Pyramide verdeutlicht, wie die Gewinnentwicklung anhand von Veränderungen des Marktanteils, des Umsatzes und der Gewinnspanne nachvollzogen werden kann. Ebenso lässt sich die Marktanteilsleistung anhand von Veränderungen bei den Metriken für die Kundenakquisition, die Durchdringungsrate und die Kundenbindung nachvollziehen.

Damit die Rolle des Marketings in einem Unternehmen gewürdigt und sein Einfluss auf diese Kennzahlen anerkannt wird, sollten die KPIs des Unternehmens auch Kennzahlen enthalten, die sich auf die »Wahrnehmungen« beziehen, die das Marketing prägt, um die Kundenkennzahlen zu beeinflussen.

Einige gute Optionen für KPIs sind:

MARKENDISPOSITION

- Gemessen an der gesamten Zielgruppe
  - Prozentsatz, der vom Namen der Marke gehört hat
  - Prozentsatz, der die Marke in Betracht zieht
  - Anzahl an Google-Suchanfragen nach der Marke

WEG ZUR KAUFWIRKUNG

- Gemessen unter den Menschen, die kürzlich in dieser Kategorie gekauft haben
  - Prozentsatz, der die Marke im Vorfeld des Kaufs wahrnimmt (in Suchergebnissen, auf Websites, in Geschäften usw.) und danach der Marke positiver gegenübersteht
  - Prozentsatz, der Gespräche mit einem Verkäufer führt und danach der Marke positiver gegenübersteht
  - angegebener/gesehener Preis im Vergleich zu anderen Marken

KUNDENZUFRIEDENHEIT

- Gemessen unter den Kunden
  - Net promoter score (NPS, Prozentsatz, der eine Marke mit 9 oder 10 von 10 Punkte weiterempfehlen würde, abzüglich des Prozentsatzes, der 6 oder weniger Punkte vergibt)
  - durchschnittliche Kundenbewertungen
  - Prozentsatz, der Probleme erlebt oder Beschwerden führt
  - Prozentsatz, der Probleme erlebt oder Beschwerden führt, die nicht geklärt werden

TEIL DREI

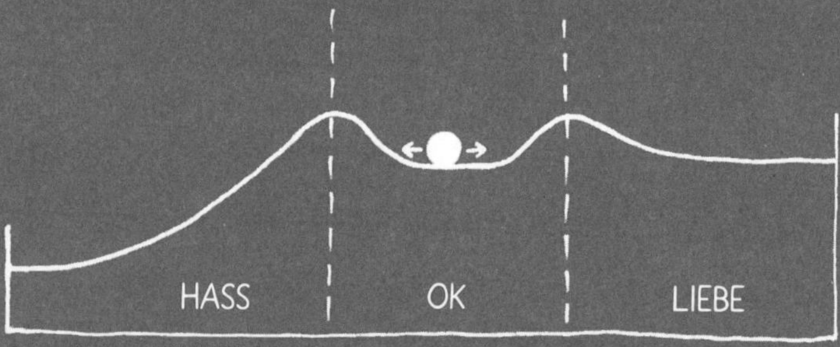

MARKEN-ERFAHRUNG

3.1 DIE MARKE DEFINIEREN

Die Wahrnehmung einer Marke wird in gewissem Maße durch jede Erfahrung geprägt, die mit dieser Marke verbunden ist. Marken müssen alle möglichen Berührungspunkte managen, insbesondere in Luxuskategorien, in denen Kunden höhere Erwartungen haben und weniger nachsichtig sind. Eine optimale Umsetzung erfordert eine sorgfältige Gestaltung der gesamten Kundenerfahrung, jedes Aspekts einer Begegnung und die Berücksichtigung aller fünf Sinne.

DIE GESAMTE REISE

Da jede Begegnung die Wahrnehmung einer Marke stärken oder schädigen kann, sollten Marketingfachleute berücksichtigen, was Menschen erleben, wenn sie einen Kauf in Betracht ziehen, tätigen und einmal Kunden geworden sind.

Beim Kauf eines neuen Autos beispielsweise haben Kunden bereits durch Werbung und die Website einen Eindruck von der Marke gewonnen. Die Präsentation der Autos im Showroom, die Interaktion mit den Vertriebsmitarbeitern, das Gefühl beim Sitzen im Auto und das Fahrgefühl prägen ebenso die Meinung der Kunden wie die Auswahl der Ausstattungsmerkmale, die Preisverhandlungen und die Organisation der Zahlung. Nach dem Verkauf beeinflussen die Nachkommunikation und der Umgang mit eventuellen Problemen weiterhin die Beziehung zur Marke.

JEDER ASPEKT DES KUNDENKONTAKTS

Kundenorientierte Unternehmen betrachten Markenerlebnisse aus vielen Blickwinkeln und suchen nach Möglichkeiten, diese positiver zu gestalten.

VIER ASPEKTE DES MARKENKONTAKTS

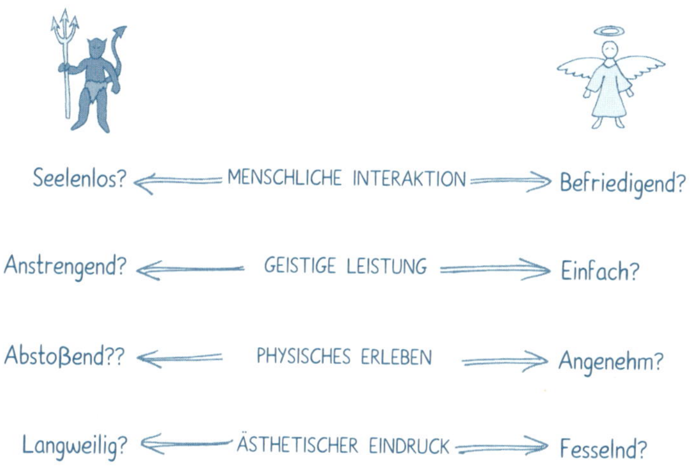

Starbucks schafft ein angenehmes Einkaufserlebnis, indem es seine Mitarbeiter in Starbucks-Experience-Kursen schult, die Filialen einladend und komfortabel gestaltet und es den Kunden ermöglicht, ihr Lieblingsgetränk in Sekundenschnelle zu bestellen und zu bezahlen.

FÜR ALLE FÜNF SINNE

Die meisten Marken legen Wert auf ihre visuelle Präsentation, aber das Kundenerlebnis lässt sich erheblich verbessern, wenn mehrere Sinne angesprochen werden. Einzelhändler, Fluggesellschaften und Automobilhersteller beschäftigen sich schon seit Langem mit den Gerüchen und Geräuschen, die mit ihren Marken in Verbindung gebracht werden. Victoria's Secret beispielsweise spielt in seinen Geschäften klassische Musik, um eine elegante Atmosphäre zu schaffen. Mitsubishi gelang es sogar, den Geruch von Leder in einem Neuwagen in speziellen Zeitungsanzeigen nachzubilden, woraufhin das vorgestellte Modell innerhalb von zwei Wochen ausverkauft war. Die Macht des Tastsinns wurde deutlich, als die britische Supermarktkette Asda eine Verpackung entwickelte, mit der Kunden die Textur ihres Eigenmarken-Toilettenpapiers fühlen konnten, und daraufhin ihre Regalfläche verdoppeln musste, um der gestiegenen Nachfrage gerecht zu werden. Die Ansprache mehrerer Sinne kann ein Erlebnis positiver und einprägsamer gestalten und dazu beitragen, die Besonderheiten einer Marke gegenüber anderen zu unterstreichen.

3.2 DIE ENTSCHEIDENDEN MOMENTE

Die meisten alltäglichen Interaktionen haben nur geringen Einfluss auf die Wahrnehmung einer Marke, aber es gibt gelegentlich kritische Momente, die über den Erfolg oder Misserfolg einer Beziehung entscheiden können. Wenn Kundenbeziehungen innerhalb einer Zone der Gleichgültigkeit schwanken, können kritische Momente dazu führen, dass Menschen entweder eine enge Beziehung eingehen, die leicht aufrechtzuerhalten ist, oder eine angespannte Beziehung, die nur schwer zu korrigieren ist.

DIE TOPOGRAFIE DER KUNDENBEZIEHUNG

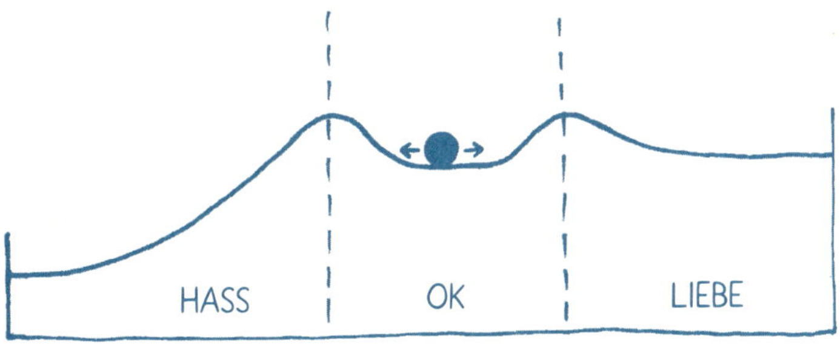

Der nächste Schritt besteht darin, mithilfe von Marktforschung die wichtigsten Momente zu ermitteln. Wo liegen die Schwachstellen? Was ärgert die Menschen, wenn etwas nicht gut funktioniert, und was begeistert sie, wenn es gut funktioniert? Marken können eine bessere Kapitalrendite erzielen, wenn sie sich darauf konzentrieren, unangenehme Momente seltener und magische Momente häufiger zu machen, anstatt in weniger wichtigen Bereichen effizienter zu werden.

Um die wichtigen Momente zu identifizieren, muss zunächst die gesamte Customer Journey abgebildet werden, einschließlich aller Kontaktpunkte, die Menschen bei der Recherche vor einem Kauf, beim Kauf selbst und bei allen Gelegenheiten und Möglichkeiten nutzen, bei denen sie als Kunden mit der Marke in Kontakt treten. Marketingfachleute können die unten stehende Tabelle verwenden, um die Prioritäten der Kundeninteraktion zu identifizieren. Sie zeigt fünf gängige Arten der Interaktion mit Feldern, in denen bewertet werden kann, wie gut die Marke abschneidet.

QUALITÄTSRASTER DER KUNDENINTERAKTION

	Leicht herauszufinden?	Schnell verfügbar?	Zufriedenstellendes Ergebnis?	Gute Erfahrung?
INFORMATION				
ANFRAGEN				
KAUF				
KUNDENSUPPORT				
BESCHWERDEN				

Das Raster ist besonders hilfreich, wenn der Vermarkter ein gutes Verständnis dafür hat, was Kunden bewegt, wonach sie suchen und was sie frustriert. Um den größtmöglichen Nutzen zu erzielen, sollten sich Marken darauf konzentrieren, diejenigen Bereiche des Rasters zu verbessern, in denen die Marke derzeit Schwächen aufweist und die für die Kunden am wichtigsten sind.

3.3 EXZELLENZ IM KUNDENDIENST

In einigen Kategorien ist die menschliche Interaktion ein wesentlicher Bestandteil des Markenerlebnisses, beispielsweise in Premium-Hotels, Restaurants und Einzelhandelsgeschäften, um nur einige zu nennen. Solche Marken benötigen Mitarbeiter im Kundenkontakt, die emotional intelligent sind, auf die Bedürfnisse der Kunden eingehen können, sich mit dem Angebot der Marke auskennen und motiviert sind, sich um die Kunden zu kümmern. Engagierte Mitarbeiter lösen eine Kette von Vorteilen aus.

MITARBEITERENGAGEMENT POSITIVER KREISLAUF

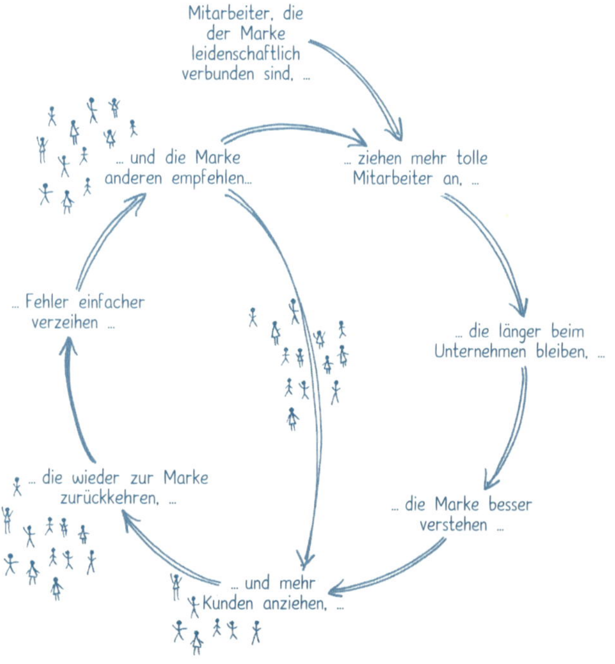

Der Zyklus beginnt mit einer sorgfältigen Mitarbeiterauswahl. Wenn Kundenservice von entscheidender Bedeutung ist, sollten Stellen mit Kundenkontakt mit Bewerbern besetzt werden, die nicht nur über die richtigen Fähigkeiten verfügen, sondern auch an die Marke und ihre Ziele glauben. Die Vorteile eines hohen Mitarbeiterengagements sind gut dokumentiert - die Mitarbeiter sind loyaler und produktiver, was die Kundenakquise, -zufriedenheit und -bindung fördert.

Der Online-Schuh- und Bekleidungshändler Zappos ist bekannt für die Loyalität seiner Mitarbeiter und die Qualität seines Kundenservices. Um sicherzustellen, dass alle Mitarbeiter wirklich an die Marke glauben, werden Bewerber gründlich geprüft, damit ihre Werte mit denen von Zappos übereinstimmen. Darüber hinaus wird das Engagement neuer Mitarbeiter getestet, indem ihnen 2.000 Dollar angeboten werden, wenn sie nach zwei Wochen Training nicht davon überzeugt sind, dass sie zur Unternehmenskultur passen.

Große Unternehmen können als gierig und unpersönlich wahrgenommen werden, daher werden Marken, die sich wirklich um ihre Kunden kümmern, sehr geschätzt. Die US-Lebensmittelkette Trader Joe's ist eine Marke, die den Menschen in den Mittelpunkt stellt und ihren Mitarbeitern die Freiheit gibt, Kunden nach eigenem Ermessen zu unterstützen. In einem von vielen Beispielen war ein 89-jähriger Mann während eines Schneesturms ans Haus gefesselt, und seine Enkelin rief mehrere Lebensmittelgeschäfte an und fragte, ob sie liefern würden, um sicherzustellen, dass er genügend Vorräte für die Kälteperiode hatte. Sie hatte kein Glück, bis Trader Joe's sich bereit erklärte zu helfen, obwohl das Unternehmen normalerweise keine Lieferungen anbietet. Die Lieferung kam innerhalb von 30 Minuten und als Geste des guten Willens verzichtete das Unternehmen darauf, dem alten Mann die Kosten in Rechnung zu stellen. Das Unternehmen versuchte nicht, diese gute Tat publik zu machen, aber sie ging dennoch viral, als die Enkelin darüber twitterte.

Einmal eingestellt, bleiben Mitarbeiter eher bei einem Unternehmen und werben wirksam dafür, wenn sie gut behandelt werden und sehen, dass die Marke hält, was sie verspricht. Microsoft wurde wiederholt als eines der besten Unternehmen in den USA ausgezeichnet, weil es die Gleichstellung der Geschlechter fördert, Gehälter zahlt, die den Lebenshaltungskosten entsprechen oder diese übersteigen, seinen Mitarbeitern großzügige Sozialleistungen bietet und Abfall und Energieverbrauch reduziert.

In einer Welt, in der Verbraucher den Wert von Gleichberechtigung und Umweltschutz besser verstehen und schätzen als früher, werden Unternehmen, die sich bemühen, das Richtige zu tun, sowohl für Arbeitnehmer als auch für Kunden immer attraktiver.

3.4 BESCHWERDE-MANAGEMENT

Der Umgang mit Beschwerden hat einen großen Einfluss auf die Kundenbeziehungen. Ein Kunde, der mit der Bearbeitung seines Anliegens zufrieden ist, kann zu einem Fürsprecher der Marke werden, während ein verärgerter Kunde die Marke wahrscheinlich bei jeder Gelegenheit diskreditieren wird. Wenn ein Problem auftritt, sollte es für den Kunden einfach sein, herauszufinden, wie er es melden kann, idealerweise über seinen bevorzugten Kanal wie E-Mail, Telefon oder Online-Chat. Von da an gibt es eine bewährte Formel, um sicherzustellen, dass die Angelegenheit gut bearbeitet wird.

UMGANG MIT KUNDENBESCHWERDEN

SCHNELL REAGIEREN

Je schneller eine Beschwerde bearbeitet werden kann, desto besser. Ein langwieriger Prozess frustriert Kunden und macht sie weniger empfänglich für vorgeschlagene Lösungen. Als Faustregel gilt, dass zwischen der ersten Kontaktaufnahme und dem Angebot einer Lösung nicht mehr als ein bis zwei Tage liegen sollten. Viele Unternehmen durchsuchen Social-Media-Beiträge nach Kunden, die sich unzufrieden mit ihrem Service äußern, und versuchen, das Problem schnell zu lösen, um weitere negative Mundpropaganda zu verhindern und zu zeigen, wie reaktionsschnell das Unternehmen ist.

ENTSCHULDIGUNG UND DANK

Das Problem anzuerkennen, das dem Kunden Unannehmlichkeiten oder Ärger bereitet hat, ist ein wichtiger Schritt, um eine gute Beziehung aufzubauen, ohne die Verantwortung für das Geschehene übernehmen zu müssen. Dem Kunden dafür zu danken, dass er dem Unternehmen die Möglichkeit gibt, die Dinge wieder in Ordnung zu bringen, ist ebenfalls eine gute Möglichkeit, eine konstruktive Atmosphäre zu schaffen. Schließlich entscheiden sich viele Kunden aus Unzufriedenheit für einen Wechsel des Anbieters.

ZUHÖREN UND VERSTEHEN

Wie bei jedem Konflikt lässt sich auch eine Kundenbeschwerde in der Regel entschärfen, indem man den Kunden bittet, die Situation zu erklären, ihm aufmerksam zuhört, nachhakt, um Klarheit zu gewinnen, und das Gesagte wiederholt. Kundendienstteams sollten im Umgang mit Kunden geschult werden und niemals Skripte, Zeitvorgaben oder Quoten vorgegeben bekommen.

GEWÜNSCHTES ERGEBNIS ERFRAGEN

Sobald die Beschwerde vorgebracht wurde, besteht der nächste Schritt darin, den Kunden zu fragen, welche Lösung für ihn akzeptabel wäre. Wenn die Forderung im Rahmen der Richtlinien liegt, sollte sie erfüllt werden. Oftmals ist sich der Kunde jedoch nicht sicher, was er eigentlich will, und erwartet einen Vorschlag.

LÖSUNG(EN) VORSCHLAGEN

Die vorgeschlagenen Lösungen sollten die Einzelheiten des Problems widerspiegeln und den Grad der Unannehmlichkeiten für den Kunden sowie das Ausmaß der Verantwortung des Unternehmens berücksichtigen. Das Kundendienstteam muss bei den angebotenen Lösungen flexibel sein und nach eigenem Ermessen entscheiden können, was fair und angemessen ist, ohne zusätzliche Genehmigungsstufen, wenn diese zu Verzögerungen führen würden.

Zusätzlich zur Übernahme dieses Best-Practice-Ansatzes sollten Kundenservice-Teams Folgendes vermeiden:

- den Kunden von einem Mitarbeiter zum nächsten weiterreichen
- die Ehrlichkeit oder die Genauigkeit des Kunden infrage stellen
- erklären, was der Kunde falsch gemacht hat
- Ausreden suchen oder andere Unternehmen beschuldigen (z. B. Zulieferer)

3.5 KUNDENSERVICE-SYSTEME

Unternehmen benötigen einen systematischen Ansatz, um hohe Standards im Kundenservice aufrechtzuerhalten und Probleme rechtzeitig zu erkennen, damit Abhilfe erfolgen kann.

LIEFERPROBLEME IN ECHTZEIT ANGEHEN

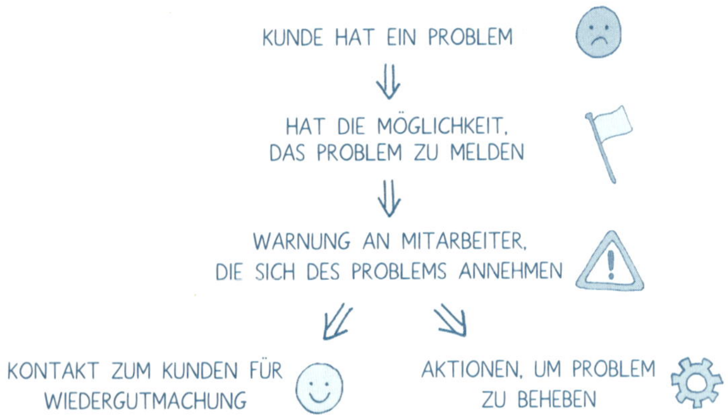

MÖGLICHKEIT FÜR KUNDEN, EIN PROBLEM ZU MELDEN

Wie dies am besten geschieht, hängt von der Art der Interaktion ab, aber vorrangig sollte es schnell und einfach sein. Kundenservicebereiche oder QR-Codes in Geschäften, SMS, E-Mail, Apps oder Social-Media-Kanäle sind allesamt geeignete Mechanismen. In persönlichen Situationen ist es empfehlenswert, einfach nachzufragen, ob die Kunden zufrieden sind.

WARNUNG AN MITARBEITER

Unabhängig davon, wie ein Problem aufgezeigt wurde, muss es an die Person weitergeleitet werden, die es lösen kann. Dies kann so einfach wie ein fest verankertes Protokoll oder so komplex wie ein »geschlossenes« Customer-Management-System sein. Wichtig ist, dass die Informationen weitergeleitet werden und schnell umgesetzt werden können.

BETROFFENE KUNDEN UNTERSTÜTZEN

Der Kunde, der das Problem gemeldet hat, sollte gemäß den üblichen Verfahren behandelt werden (siehe Abschnitt 3.4). Wenn der Kunde das Problem nur aus Hilfsbereitschaft gemeldet hat, ist es eine nette Geste, ihm eine kleine Belohnung (z. B. einen Rabattgutschein) anzubieten.

PROBLEM BESEITIGEN

Wenn das Problem auch andere Kunden betreffen könnte, sollten Maßnahmen ergriffen werden, um das Problem zu lösen und zu vermeiden, dass weitere Kunden Unannehmlichkeiten oder Enttäuschungen erleben.

TEIL VIER

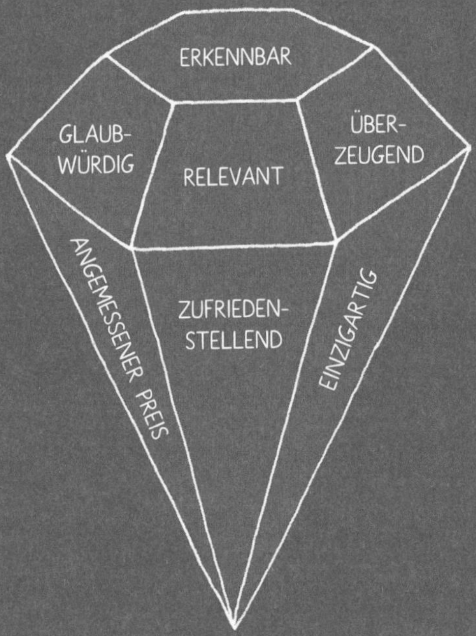

INNOVATION

4.1 INNOVATIONS-STRATEGIE

Viele Unternehmen haben Schwierigkeiten mit Innovationen. Der *Harvard Business Review* berichtete 2016, dass 94 % der Führungskräfte weltweit mit der Innovationsleistung ihres Unternehmens unzufrieden waren. Diese Führungskräfte wissen, dass der Erfolg von Innovationen einen enormen Einfluss auf die langfristige wirtschaftliche Lebensfähigkeit eines Unternehmens hat. Angesichts der Kosten für die Produktentwicklung und der Tatsache, dass die Mehrheit der neuen Produkte scheitert (z. B. 70 % der Konsumgüter), verschafft selbst eine bescheidene Verbesserung der Erfolgschancen einen erheblichen Wettbewerbsvorteil. Unternehmen, die erfolgreich innovativ sind und die Gewinne zur Finanzierung weiterer Innovationen nutzen, machen es ihren Konkurrenten schwer, Schritt zu halten.

Erfolgsaussichten können folgendermaßen verstärkt werden:

- den Innovationsansatz zu finden, der am besten zum Unternehmen passt
- sich darüber klar zu sein, was Innovation erreichen muss
- starke Ideen zu entwickeln und Entwicklungen durch Kundenfeedback steuern

Es gibt drei grundlegende Ansätze, die Unternehmen bei Innovation einschlagen können.

ANSÄTZE FÜR INNOVATION

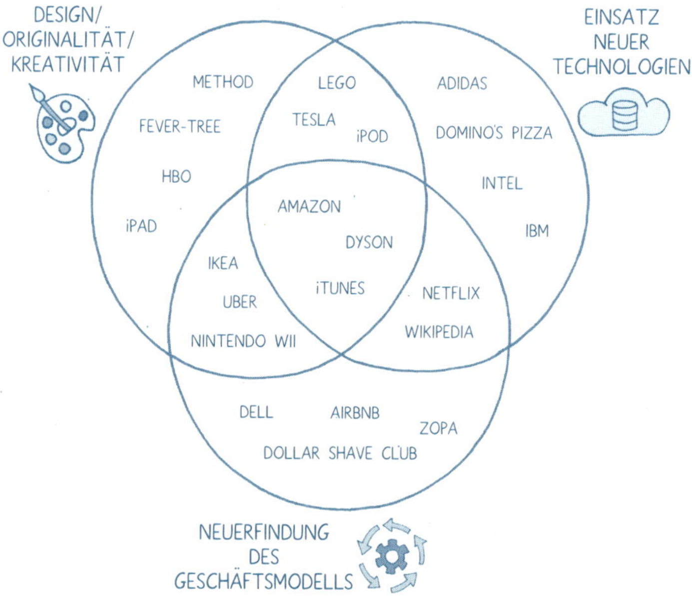

Welchen Ansatz oder welche Kombination von Ansätzen ein Unternehmen wählen sollte, hängt von seinen Stärken gegenüber Wettbewerbern und davon ab, wie wahrscheinlich die Branche durch neue Geschäftsmodelle gestört wird.

Der Kodak-Ingenieur Steve Sasson erfand 1975 die Digitalkamera. Laut Sasson war die Reaktion der Unternehmensleitung, dass das Konzept zwar genial sei, er aber niemandem davon erzählen solle. Kodak sah sich selbst als Hersteller von Fotofilmen, Papier und Chemikalien und betrachtete die Digitalfotografie als einen Feind, den es zu besiegen galt. Hätte sich das Unternehmen stattdessen als ein Unternehmen verstanden, das Menschen dabei hilft, Erinnerungen festzuhalten und zu teilen, hätte es möglicherweise die Insolvenz vermeiden können. Wenn eine Umwälzung bevorsteht, müssen Vermarkter die Chance ergreifen, und wenn das bedeutet, ein etabliertes Geschäft neu zu gestalten, dann muss das eben so sein.

Auch wenn Technologie keine neuen Geschäftsmodelle hervorbringt, sollte jede Marke nach Möglichkeiten suchen, Technologie zu nutzen, um den Kundennutzen zu steigern, bevor es die Konkurrenz tut. Laut Dennis Maloney, Chief Digital Officer bei Domino's Pizza, hat sich das Unternehmen von einem Pizzaunternehmen, das online verkauft, zu einem E-Commerce-Unternehmen entwickelt, das Pizza verkauft, und ist dadurch zur weltweit größten Pizzakette geworden.

Technologie ist für großartige Innovationen nicht unbedingt erforderlich. Kreative Ideen können genauso wichtig sein, wenn nicht sogar wichtiger. Unternehmen wie Nintendo, HBO, Pixar und Lego sind dank eines kontinuierlichen Stroms origineller und fantasievoller Ideen, die ihre Kunden überraschen und begeistern, so erfolgreich. Als Sony und Microsoft Konsolen mit modernster Technologie auf den Markt brachten, gelang es Nintendo, mit der Wii, einer Konsole mit geringen Spezifikationen und völlig neuen Arten von Spielen und Fitnessaktivitäten, eine ganz neue Zielgruppe für diese Kategorie zu gewinnen.

4.2 INNOVATIONS-PROZESS

Sobald der allgemeine Ansatz definiert ist, können sich Marketingfachleute dem Innovationsbrief zuwenden. Menschen kaufen Produkte, um ihr Leben zu verbessern. Daher beginnt ein Innovationsbrief damit, den Aspekt des Lebens der Verbraucher zu definieren, den die Innovation verbessern soll. Wenn die Marke einen klar definierten Zweck hat, ist der Brief unkompliziert, da alle Innovationen darauf ausgerichtet sein sollten, die Marke in die Lage zu versetzen, ihren Zweck besser zu erfüllen.

Der durch den Auftrag initiierte Innovationsprozess umfasst drei Phasen: Ideenfindung, Entwicklung der vielversprechendsten Ideen und vollständige Umsetzung aller erfolgversprechenden Ideen. Die Momente, in denen Entscheidungen darüber getroffen werden, welche Ideen weiterverfolgt werden sollen, werden oft als »Gates« bezeichnet.

INNOVATIONSENTWICKLUNGSPROZESS

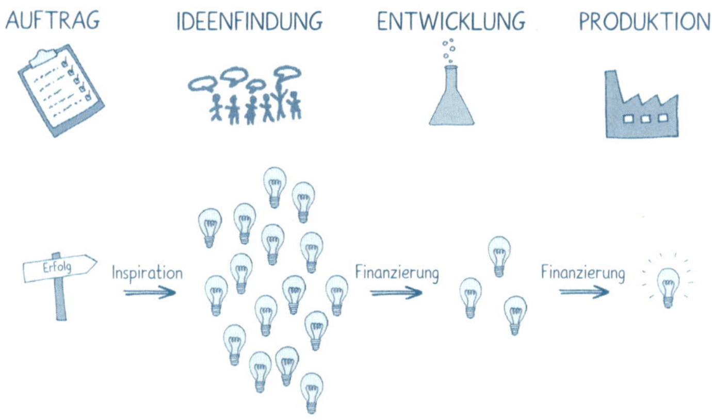

Viele Branchen haben »agile« Prinzipien in ihre Innovationsprozesse übernommen. Dazu gehört, so früh wie möglich Prototypen zu entwickeln und Feedback von Verbrauchern einzuholen, um weitere Iterationen anzustoßen oder die Idee zu verwerfen, wenn das Feedback nicht vielversprechend genug ist.

Agile Innovation hat gegenüber dem traditionellen, linearen Ansatz viele Vorteile, insbesondere für Märkte, in denen sich die Prioritäten der Verbraucher oder neue Technologien schnell ändern und Produkte häufig aktualisiert werden müssen, um Schritt zu halten.

TRADITIONELLE VS. AGILE ENTWICKLUNG

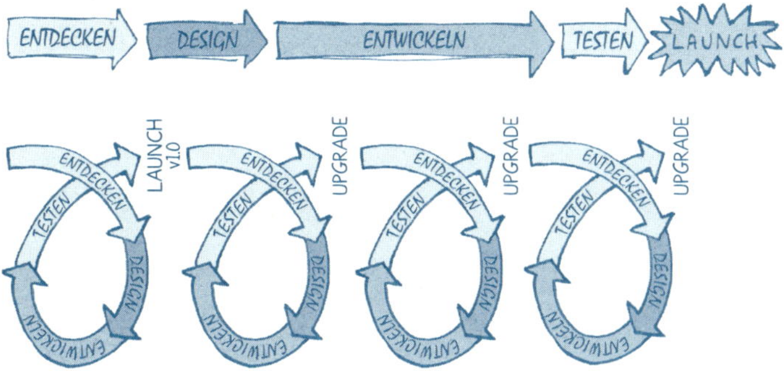

Beim traditionellen Ansatz wird das gesamte Produktdesign frühzeitig fertiggestellt, und es folgt eine langwierige Entwicklungsphase, in der alle Produktfunktionen entwickelt werden. Probleme entstehen, wenn bei den abschließenden Tests festgestellt wird, dass das möglicherweise vor etwa einem Jahr entworfene Produkt nicht mehr ganz den Wünschen der Verbraucher entspricht. Möglicherweise wurden Zeit und Geld für Funktionen verschwendet, die nun irrelevant sind, während andere, wichtigere Funktionen fehlen.

Die Hauptvorteile des agilen Ansatzes bestehen darin, dass er schnell und kostengünstig einen grundlegenden Prototyp liefert und dass sich die Entwicklung auf diejenigen neuen Funktionen konzentrieren kann, die den größten Mehrwert für die nächste Iteration bieten, selbst wenn sich die Prioritäten im Laufe der Zeit ändern. Produkte sind praktisch immer in Arbeit und werden von den Menschen geprägt, die dafür bezahlen.

Damit agile Entwicklung gut funktioniert, müssen Marketing-, F&E-, Produktions-, Vertriebs- und Marktforschungsteams zusammenarbeiten, um Ideen zu entwickeln und zu bestimmen, wie Produkte unter optimaler Nutzung der Unternehmensressourcen entwickelt, produziert und verbessert werden können.

4.3 INNOVATIVE IDEEN GENERIEREN

Es empfiehlt sich, ein- bis zweimal im Jahr Zeit einzuplanen, um Ideen zur Steigerung des Kundennutzens zu entwickeln und Innovationsprioritäten zu überprüfen.

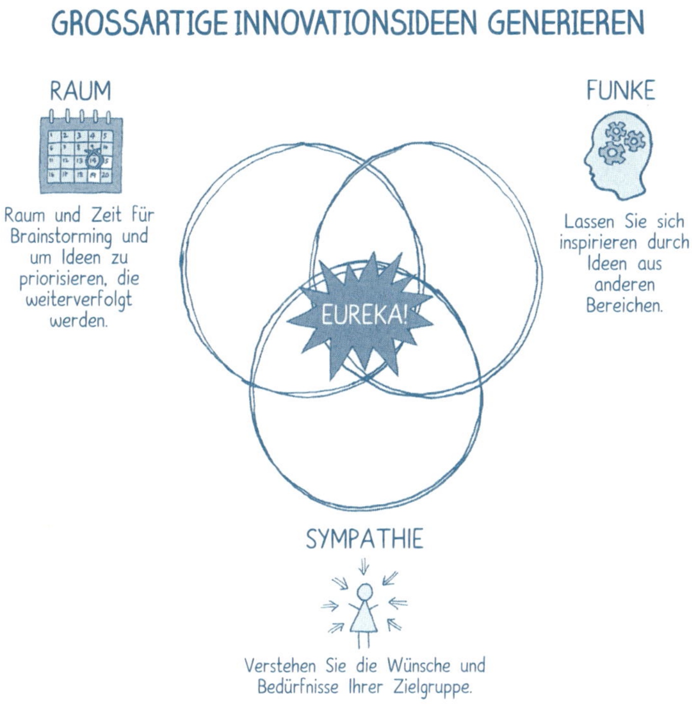

RAUM

Damit eine Ideenfindungssitzung effektiv ist, brauchen die Teilnehmer ein Umfeld, das Kreativität fördert. Natürliches Licht, helle Farben, Bewegungsfreiheit, frische Luft und eine integrative, vertrauensvolle Atmosphäre können einen großen Einfluss auf die Quantität und Qualität der generierten Ideen haben.

SYMPATHIE

Die wirkungsvollsten Ideen entstehen aus einem tiefen Verständnis für die Verbraucher. Daher sollte sich das Team intensiv mit Informationen und Erkenntnissen über die Zielgruppe auseinandersetzen, einschließlich ihrer Bedürfnisse und Wünsche in Bezug auf die Kategorie und darüber hinaus.

FUNKE

Kreativität entsteht, wenn zwei unterschiedliche Ideen zusammengeführt werden, um etwas Neues zu schaffen. Menschen mit Innovationen aus anderen Bereichen und Branchen in Kontakt zu bringen, ist eine gute Möglichkeit, Ideen anzuregen, insbesondere wenn dabei Beispiele dafür gezeigt werden, wie neue Technologien eingesetzt wurden, um Produkte und Kundenerlebnisse zu verbessern.

Eine gute Möglichkeit, Inspiration zu liefern, ist die Verwendung einer Ideen-Sprungbrett-Matrix. Das Marketing-/Marktforschungsteam muss Zeit darauf verwenden, die neuesten Denkansätze und Innovationen in Bereichen zu entdecken, die relevante Ideen für die Marke hervorbringen könnten. Die in der folgenden Matrix aufgeführten Bereiche sind ein nützlicher Ausgangspunkt. In der Ideenfindungssitzung informiert sich das Team über die neuesten Entwicklungen in diesen Bereichen und untersucht, ob eine ähnliche

Idee einen Mehrwert für die Kunden in der Kategorie der Marke schaffen könnte.

IDEEN-SPRUNGBRETT-MATRIX

WAS PASSIERT IN ...

DAS WIR ÜBERNEHMEN KÖNNTEN IN ...

	KUNST	ERGONOMIE	ÜBERTRAGBARE TECHNOLOGIE	APPS	E-PAYMENT	INTERNET OF THINGS	MACHINE LEARNING	ROBOTIK	FAST FOOD (Z.B.)	JAPAN (Z.B.)
PRODUKTEN										
ZUKÜNFTIGEN PRODUKTEN										
KUNDENERLEBNIS										
DISTRIBUTION										
VERTRIEB										
MARKETING										
PREISSTRATEGIE										
EIGENE MEDIEN										
SOZIALE MEDIEN										
KUNDENHOTLINE										

Die Matrix verdeutlicht die vielfältigen Möglichkeiten, wie eine Marke innovativ sein kann, um Kunden besser zu bedienen. Die erfolgreichsten Marken berücksichtigen, wie jedes Element des Marketing-Mix zu einem besseren Markenerlebnis beitragen kann, von der Kommunikation und dem Kauferlebnis bis hin zum Kundendienst und darüber hinaus, und greifen dabei auf die neuesten Ideen zurück, woher diese auch kommen mögen.

4.4 DAS INNOVATIONS-POTENZIAL AUSLOTEN

Unternehmen, die viele großartige Innovationsideen hervorbringen, sind wahrscheinlich am erfolgreichsten, aber nur, wenn sie wissen, wie sie jene mit dem größten Potenzial erkennen.

Ideen, die weiterentwickelt und schließlich umgesetzt werden, sollten anhand einer Reihe bewährter Erfolgskriterien ausgewählt werden wie beispielsweise den »sieben Facetten eines Innovationsdiamanten«: erkennbar, relevant, glaubwürdig, überzeugend, preislich angemessen, zufriedenstellend und einzigartig.

SIEBEN FACETTEN EINES INNOVATIONSDIAMANTEN

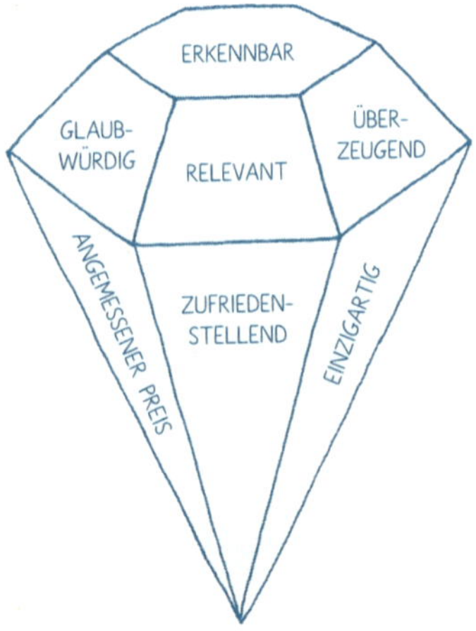

ERKENNBAR

Neue Produkte profitieren davon, wenn sie sich von der Masse abheben. Einzigartige Namen, Logos und Verpackungen können dabei helfen.

RELEVANT

Unabhängig davon, um welches Produkt es sich handelt oder was es leistet, müssen Verbraucher seinen Wert für sich erkennen können.

GLAUBWÜRDIG

Die Menschen müssen davon überzeugt sein, dass das Produkt sein Versprechen wahrscheinlich einhält. Marken mit einer zuverlässigen Erfolgsbilanz haben hier einen Vorteil.

ÜBERZEUGEND

In vielen Kategorien stehen den Verbrauchern eine Reihe relevanter Alternativen zur Verfügung, sodass das Produkt sehr überzeugend sein muss, um gegenüber anderen den Vorzug zu erhalten. Dies gilt insbesondere dann, wenn der Kauf für den Kunden mit erheblichem Aufwand verbunden ist, wie beispielsweise bei einer Umstellung des Bankkontos.

ANGEMESSENER PREIS

Der Preis muss mit dem übereinstimmen, was Verbraucher als vergleichbare Alternativen ansehen. Das Ziel ist eine Win-Win-Situation: Verbraucher haben das Gefühl, dass sie einen guten Gegenwert für den geforderten Preis erhalten, und das Unternehmen erzielt einen guten Gewinn.

ZUFRIEDENSTELLEND

Der langfristige Erfolg eines Produkts hängt hauptsächlich davon ab, wie gut es die Erwartungen erfüllt. Wenn Kunden mit ihrer Erfahrung sehr zufrieden sind, werden sie es nicht nur wahrscheinlich weiterhin kaufen, sondern es auch eher weiterempfehlen und andere Produkte der Marke kaufen.

EINZIGARTIG

In jedem wettbewerbsintensiven Markt buhlen Marken ständig um die Aufmerksamkeit der Verbraucher, sodass selbst ein Produkt mit vielen Vorteilen in der Masse untergehen und schnell in Vergessenheit geraten kann. Eine einzigartige, unverwechselbare Eigenschaft hilft einem Produkt, im Gedächtnis zu bleiben. Wenn diese Eigenschaft die Menschen auch an die Vorteile der Marke erinnert, kann sie zum Ausprobieren animieren und den Verbrauchern einen Grund geben, die Marke weiterhin zu kaufen. Als Toilet Duck Anfang der 1980er-Jahre auf den Markt kam, unterschied es sich im Wesentlichen nicht von anderen Toilettenreinigern, aber die Flasche hatte eine einzigartige Eigenschaft: einen Entenhals, der das Spritzen der Flüssigkeit unter den Toilettenrand erleichterte. Diese Eigenschaft verhalf der Marke schnell zur Marktführerschaft, zu einem über zehn Jahre lang höheren Preis als alle Mitbewerber und zu einer bis heute hohen Markenbekanntheit.

4.5 MARKTEINFÜHRUNG NEUER PRODUKTE

Die Einführungsphase eines neuen Produkts entscheidet in der Regel über dessen Erfolg oder Misserfolg. Wenn das Produkt beim ersten Mal scheitert, bekommt es selten eine zweite Chance. Daher muss die Einführung eines Produkts sorgfältig geplant werden. Eine erfolgreiche Markteinführung umfasst sechs sich überschneidende Schritte.

SECHS SCHRITTE ZUR ERFOLGREICHEN MARKTEINFÜHRUNG

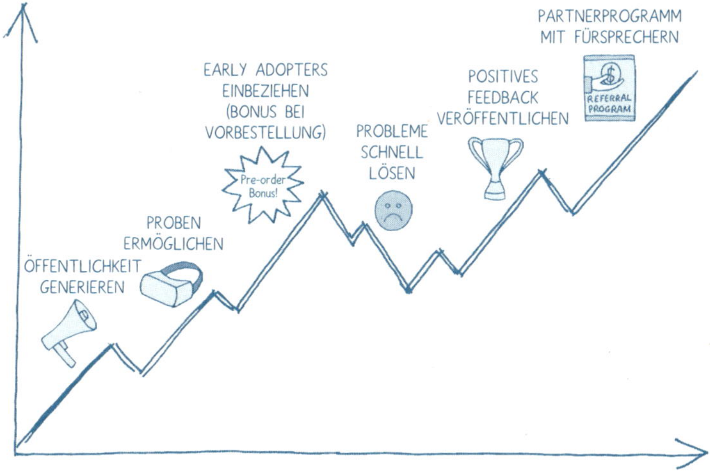

ÖFFENTLICHKEIT GENERIEREN

Das Zeitfenster für die Werbung für ein neues Produkt ist begrenzt, daher sollte diese Gelegenheit genutzt werden. In Kategorien wie Filmen und Videospielen beginnt dieses Zeitfenster mit der Ankündigung des Produkts und erreicht seinen Höhepunkt kurz vor der Veröffentlichung. In anderen Kategorien erstreckt es sich nur über wenige Wochen nach der Markteinführung. Wenn die Werbung zum richtigen Zeitpunkt eingesetzt wird, regt sie potenzielle Kunden dazu an, sich näher über das Produkt zu informieren und es eher in Betracht zu ziehen.

PROBEN ERMÖGLICHEN

Das Sampling für jedes Produkt mit einer großartigen Benutzererfahrung ist äußerst effektiv. In den Tesla-Showrooms setzen sich die Besucher in die stilvollen Hightech-Autos und stellen sich vor, wie es wäre, eines zu besitzen. Probefahrten vermitteln einen Eindruck von dem einzigartigen und angenehmen Fahrerlebnis. Wenn Menschen etwas für eine Weile »besitzen« dürfen, gefällt es ihnen besser – ein Effekt, der als Endowment-Effekt bekannt ist. Außerdem möchten sie es anschließend kaufen. Dies wird als Verlustaversion bezeichnet. Großartige Produkte sollten so vielen Menschen wie möglich zur Verfügung gestellt werden.

EARLY ADOPTERS EINBEZIEHEN

Es ist wichtig, Early Adopters Anreize zu bieten, da sie dazu neigen, ihre Meinung zu neuen Produkten in sozialen Medien und Bewertungen zu äußern. Wenn das Produkt gut ist, wird dies weitere Käufer anziehen. Anreize können niedrigere Preise oder Bonusinhalte sein, die für einen begrenzten Zeitraum nach der Markteinführung verfügbar sind.

PROBLEME SCHNELL LÖSEN

Die meisten Produkteinführungen haben mit Anfangsschwierigkeiten zu kämpfen, aber diese sollten eine Markteinführung nicht gefährden, sofern sie schnell erkannt und behoben werden. Im Zeitalter der sozialen Medien ist es mehr denn je unklug, Probleme unter den Teppich zu kehren oder keine angemessene Entschädigung zu leisten.

POSITIVES FEEDBACK VERÖFFENTLICHEN

Produktempfehlungen, in denen Fans eines Produkts über dessen Vorzüge sprechen, sind eine zuverlässige Form der Werbung und besonders wertvoll, wenn potenzielle Kunden den Aussagen über das Produkt skeptisch gegenüberstehen. Jahrzehntelang hat Dove seinen Marktanteil durch Produktempfehlungen ausgebaut, um die Vorteile einer Seife mit Feuchtigkeitscreme hervorzuheben. Es lohnt sich, es Fans leicht zu machen, ihre positiven Eindrücke zu äußern und diese weit zu verbreiten, um mehr Käufer anzulocken.

PARTNERPROGRAMM MIT FÜRSPRECHERN

»Herdentrieb« bezeichnet die Tendenz von Menschen, eher dem zu folgen, was andere tun, als sich selbst eine Meinung zu bilden. Dieses Phänomen erklärt, warum Menschen sich zu Produkten hingezogen fühlen, die sie für beliebt halten und die von Prominenten, Bloggern und Vloggern verwendet werden. Die Zusammenarbeit mit diesen Influencern kann daher eine sehr effektive Methode sein, um ein neues Produkt zu bewerben.

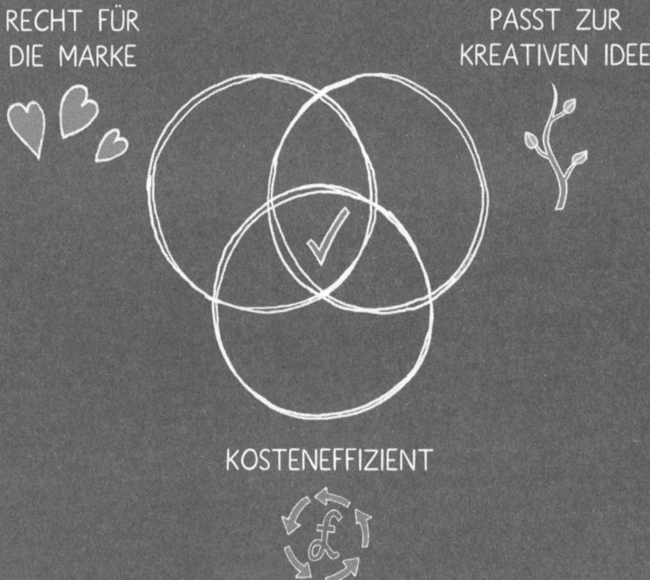

TEIL FÜNF

KOMMUNIKATION

5.1 WIE KOMMUNIKATION FUNKTIONIERT

Kommunikation umfasst alle Erfahrungen, die die mentalen Assoziationen mit der Marke beeinflussen, abgesehen von der Erfahrung mit der Nutzung des Produkts. Bezahlte, eigene und Earned Media sind die wichtigsten Kommunikationskanäle (siehe Abschnitt 1.4). Wo, wann und wie Menschen mit Kommunikation in Berührung kommen, variiert je nach Kanal, aber die psychologischen Prozesse, die die Markenwahl beeinflussen, sind dieselben.

WIE KOMMUNIKATION EINE MARKENENTSCHEIDUNG BEEINFLUSST

AUFMERKSAMKEIT SCHAFFEN

Um Wirkung zu erzielen, muss Kommunikation die Aufmerksamkeit der Menschen auf sich ziehen. Bezahlte und eigene Medien erregen Aufmerksamkeit, wenn sie sich deutlich von ihrer Umgebung abheben und die Aufmerksamkeit auf sich ziehen und wenn sie als persönlich relevant wahrgenommen werden oder eine emotionale Reaktion auslösen. Menschen schenken Gratismedien Aufmerksamkeit, wenn sie sich für die Kategorie interessieren oder bei der Recherche zu einem Kauf darauf stoßen, vorausgesetzt, die Quelle ist glaubwürdig.

MARKENASSOZIATIONEN HERSTELLEN

Wenn Menschen einer Kommunikation Aufmerksamkeit schenken, erinnern sie sich an die prägnantesten Aspekte dessen, was sie sehen und hören. Wenn dazu auch die Marke gehört, werden durch die Kommunikation neue Assoziationen mit der Marke geschaffen oder bestehende verstärkt. Damit Kommunikation wirksam ist, müssen diese Assoziationen für Kaufentscheidungen relevant sein und im Idealfall positive Gefühle gegenüber der Marke hervorrufen.

ENTSCHEIDUNGEN BEEINFLUSSEN

Assoziationen, die durch Kommunikation entstehen, tauchen im Kopf der Menschen auf, wenn sie auf die Marke stoßen oder wenn ihnen die Marke in den Sinn kommt, sodass sie das Gefühl haben, die richtige Wahl getroffen zu haben. Der Effekt kann unmittelbar eintreten, beispielsweise wenn jemand nach der Kategorie sucht, eine der Anzeigen bemerkt, darauf klickt und einen Kauf tätigt. Potenziell kann dieser Effekt Jahrzehnte anhalten: Werbung, die Menschen in ihrer Kindheit gesehen haben, kann sie für den Rest ihres Lebens für eine Marke empfänglich machen. Die Wirkung hält so lange an, wie die durch die Werbung entstandenen Assoziationen im Gedächtnis bleiben und weiterhin relevant sind.

NUTZERZUFRIEDENHEIT ERHÖHEN

Kommunikation kann auch während der Nutzung die Meinung der Menschen über die Marke verbessern, wenn sie ihre Vorzüge hervorhebt. Der Lebensmitteleinzelhändler Marks & Spencer ist bekannt für seine appetitlichen Werbung, die die Qualität seiner Lebensmittel betont und die Freude am Essen weckt. Dadurch nehmen die Nutzer die Qualität der Lebensmittel eher wahr und schätzen sie, sodass sie das Gefühl haben, dass es sich lohnt, die Marke erneut zu kaufen.

5.2 MIT KOMMUNIKATION EINE MARKE AUFBAUEN

Die meisten Marken können irgendwann von Kommunikationsmaßnahmen profitieren, aber die Rentabilität hängt von der Stärke des Markenangebots ab. Stärkere Marken erzielen höhere Renditen, da Kunden, die durch die Kommunikationsmaßnahmen gewonnen wurden, wahrscheinlich loyal bleiben und langfristig erhebliche Gewinne erzielen. Umgekehrt kann selbst eine brillante Kommunikation ein minderwertiges Produkt nicht kompensieren, da letztendlich die Wiederkaufrate und die Mundpropaganda über das Schicksal der Marke entscheiden.

Die Rolle, die die Kommunikation spielen kann, hängt von der Lebensphase der Marke ab.

DIE ROLLE DER KOMMUNIKATION IN DEN LEBENSZYKLEN EINER MARKE

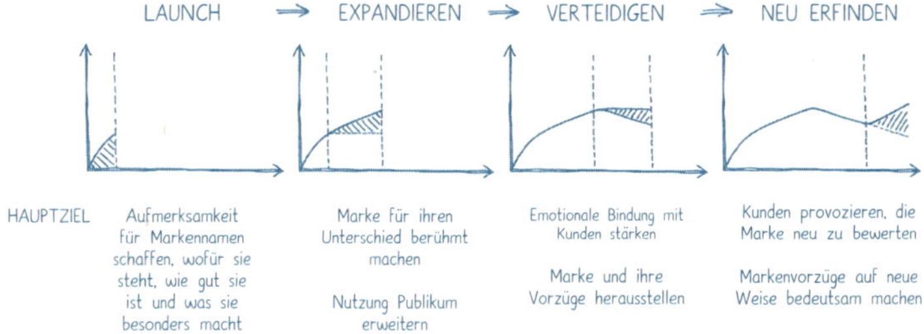

LAUNCH

Frühzeitige Kommunikation kann das Wachstum beschleunigen, indem sie das Bewusstsein für die Marke, ihre Einzigartigkeit und die Vorteile für den Käufer schärft. Das muss schnell geschehen, da Wettbewerber wahrscheinlich Nachahmerprodukte auf den Markt bringen werden. Um den »First-Mover-Vorteil« zu nutzen, muss eine Marke gut etabliert sein, bevor Alternativen verfügbar sind.

Die Einführungsphase sollte so lange fortgesetzt werden, bis die meisten potenziellen Kunden der Marke wissen, was sie zu bieten hat. Das alte Sprichwort, dass Menschen eine Marketingbotschaft mindestens sieben Mal hören müssen, bevor sie darauf reagieren, verdeutlicht den Wert der Wiederholung. Mehrfache Exposition hilft dabei, die Botschaft einer Marke zu verinnerlichen und sorgt sogar dafür, dass Menschen die Marke aufgrund des sogenannten »Mere-Exposure-Effekts« mehr mögen und ihr mehr vertrauen.

EXPANDIEREN

Nach der Launchphase sollte sich die Marke darauf konzentrieren, für ihre einzigartigen Stärken bekannt zu werden, damit die Menschen automatisch an sie denken, wenn sie den entsprechenden Bedarf haben. So kann die Marke mit neuen Nutzern und Nutzungsanlässen, die mit dem gleichen Bedarf verbunden sind, Geld verdienen. Der Einzelhandelsriese Amazon hat drei Jahre lang daran gearbeitet, sich als schneller, preiswerter und vertrauenswürdiger Online-Händler für Bücher zu etablieren, bevor er diesen Ruf nutzte, um CDs, Elektronik, Spielzeug und andere Waren zu verkaufen.

VERTEIDIGEN

Sobald eine Marke bekannt ist, kann sie weiterhin profitabel sein, solange ihr Angebot relevant bleibt und Wettbewerber nicht in ihr Gebiet vordringen. Seit 100 Jahren betont Volvo die Sicherheit und Langlebigkeit seiner Autos, was bedeutet, dass die Marke in den Sinn kommt, wenn Menschen über den Kauf eines Familienautos nachdenken. Volvo hat diese Marktposition geschützt, indem es kontinuierlich neue Technologien entwickelt und bewirbt, die das Sicherheitsniveau verbessern.

NEU ERFINDEN

Etablierte Marken verlieren an Bedeutung, wenn ihr Alleinstellungsmerkmal von Wettbewerbern untergraben wird oder ihr Image für jüngere Generationen an Attraktivität verliert. Sofern die Produkte selbst überzeugend sind, kann die Kommunikation möglicherweise das Blatt für die Marke wenden. Im Jahr 2010 positionierte sich die Herrenpflegemarke Old Spice mit der Kampagne »The Man Your Man Could Smell Like« neu. Die Werbung und die dadurch ausgelöste Berichterstattung in den Medien machten eine altmodische Marke für eine ganz neue Generation relevant. Solche Marken-Neuerfindungen sind zwar selten, aber möglich, wenn die Kommunikation sehr kreativ und originell ist und bei der Zielgruppe starken Anklang findet.

5.3 DIE RICHTIGEN MEDIEN WÄHLEN

Die Art der Medien, die eine Marke nutzen sollte, hängt von der Rolle der Kommunikation innerhalb der Wachstumsstrategie ab. Die erste Entscheidung betrifft die Frage, wie bezahlte, eigene Medien und Earned Media genutzt werden sollten.

In einigen Kategorien sind bezahlte Medien unverzichtbar, da sie ebenso Teil des Markenerlebnisses sind wie die Produkte selbst. Luxusparfümmarken beispielsweise können sich nicht allein durch ihr Parfüm von anderen abheben, daher nutzen sie Werbung, um den Menschen beim Kauf und Gebrauch ihrer Produkte ein gutes Gefühl zu vermitteln.

Einige Marken sind für ihren Erfolg auf ihre eigenen Medien angewiesen. Der Bekleidungshändler Zara investiert in hochwertige Ladenfronten in erstklassigen Lagen, um seine Produkte zu präsentieren, und Krispy Kreme lässt seine gut platzierten, auffälligen Vitrinen und verlockenden Donuts für sich sprechen.

Wenn eine Marke attraktiv ist, sich deutlich von ihren Mitbewerbern abhebt und ein gutes Nutzererlebnis bietet, kann sie auch allein dank Earned Media wachsen. So unterschiedliche Marken wie Rolls-Royce und Costco setzen auf Mundpropaganda, um Kunden zu gewinnen, anstatt in bezahlte Medien zu investieren. Wenn Earned Media allein nicht schnell genug zu einer Testkaufentscheidung führen kann, können Produktproben sehr effektiv sein.

Die Matrix für Medienprioritäten hilft dabei, anhand der Benutzererfahrung der Marke und des mit dem Kauf verbundenen Risikos die beste Art von Medien zu ermitteln.

MATRIX FÜR MEDIENPRIORITÄTEN

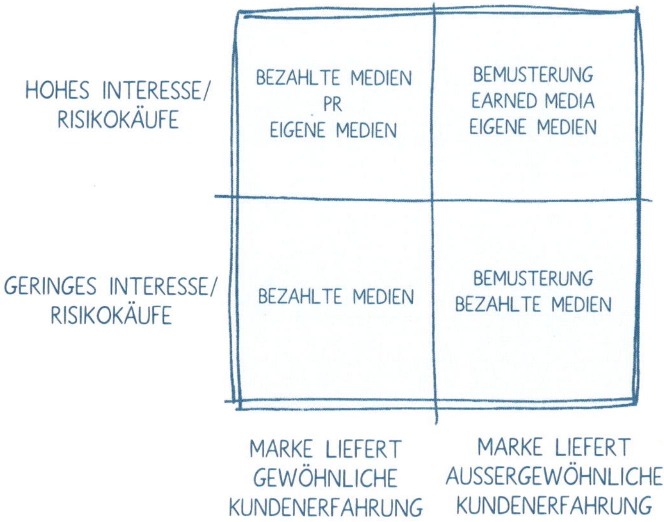

Je höher das Risiko, desto mehr Sicherheit benötigen Kunden. Daher können neben bezahlten Medien auch PR-Maßnahmen oder Earned Media erforderlich sein. Marken mit einer außergewöhnlichen Benutzererfahrung sollten dies nutzen, indem sie stark in Produktproben investieren und dafür sorgen, dass Lob für die Marke so weit wie möglich verbreitet wird.

Bei der Auswahl bestimmter Medienkanäle können Marken drei Kriterien heranziehen: passend zur Marke, passend zur kreativen Idee und kosteneffizient.

MEDIENKANÄLE AUSWÄHLEN

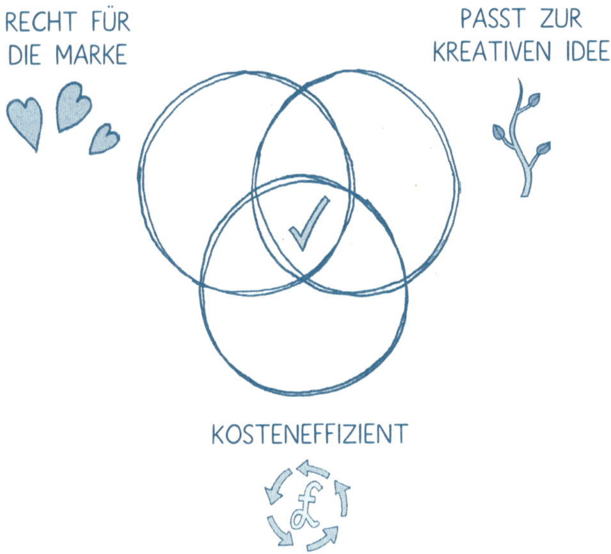

RECHT FÜR DIE MARKE

Die Medien sollten stets die Positionierung der Marke widerspiegeln. Das Sponsoring von Formel-1-Rennen, Extremsportveranstaltungen und PR-Aktivitäten mit Challenges durch Red Bull beispielsweise unterstreicht die Identität der Marke als aufregendes Produkt.

PASST ZUR KREATIVEN IDEE

Wenn eine kreative Idee bereits vorhanden ist, eignen sich manche Kanäle besser als andere, um sie umzusetzen. Ein Beispiel hierfür ist Bic, das im Rahmen einer Kampagne zur Bewerbung der gründlichen Rasur der Marke einen riesigen Rasierer am Ende eines gemähten Grasstreifens neben einer japanischen Autobahn platzierte.

KOSTENEFFIZIENT

Medieninvestitionen sollten nur dann in Betracht gezogen werden, wenn der Gewinn (nicht der Umsatz) aus zusätzlichen Verkäufen die Gesamtkosten übersteigt, einschließlich der Zeit und des Geldes, die für die Entwicklung guter Ideen, die Produktion von Inhalten und die Erzielung von Reichweiten aufgewendet werden.

KANALKOSTEN VS. PROFIT

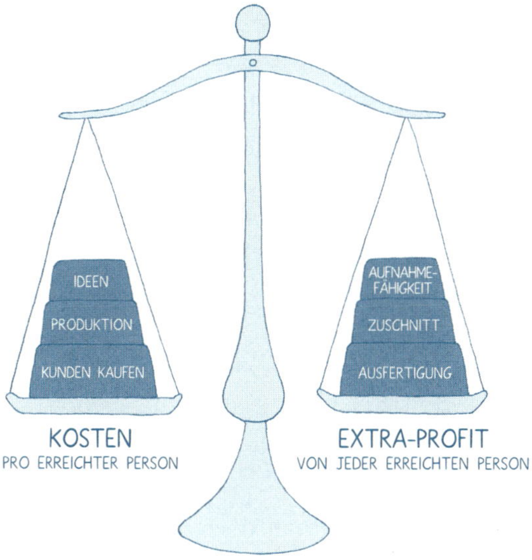

Die Berechnung des zusätzlichen Gewinns kann sich als kompliziert erweisen, aber selbst grobe Schätzungen können Marketingfachleute davon abhalten, Projekte in Angriff zu nehmen, die sich niemals auszahlen würden. Mithilfe von Analysen lässt sich die Bandbreite möglicher Umsatz- und Gewinnsteigerungen für Kanäle ermitteln, die zuvor genutzt wurden oder für die Benchmark-Daten verfügbar sind. Oft müssen Marketingfachleute jedoch anhand von drei Faktoren – Empfänglichkeit, Anpassung und Faszination – selbst entscheiden, ob ein Medium sein Geld wert ist.

AUFNAHMEFÄHIGKEIT

Kommunikation ist effektiver, wenn die Menschen in der richtigen Stimmung sind, damit die Botschaft der Marke bei ihnen Anklang findet, wenn sie damit in Berührung kommen. Ein alkoholfreies Bier könnte beispielsweise auf Rolltreppen in U-Bahn-Stationen beworben werden, um Pendler auf ihrem Weg nach Hause anzusprechen, die sich auf einen entspannten Abend freuen, sich aber bewusst sind, dass sie am nächsten Tag früh aufstehen müssen.

ZUSCHNITT

In den meisten digitalen Medien können unterschiedliche Inhalte für verschiedene Verbrauchersegmente bereitgestellt werden, die immer differenzierter definiert werden. Dies kann die Wirkung der Kommunikation erheblich steigern, wenn genügend Informationen über jedes Segment vorliegen, diese sich deutlich voneinander unterscheiden und Zeit und Geld für die Entwicklung maßgeschneiderter Inhalte zur Verfügung stehen.

AUSFERTIGUNG

Einige Medienformen sind von Natur aus fesselnder als andere, was sich weitgehend in ihren Preisen widerspiegelt. Ein kleines Plakat am Straßenrand hat im Vergleich zu einem zweiminütigen Kinospot nur begrenzte Möglichkeiten, sein Publikum zu fesseln. Inwieweit eine Marke das Potenzial eines Kanals für die Kundenbindung ausschöpft, hängt jedoch stark von der Kreativität ihrer Inhalte ab.

5.4 ROLLE VON KANÄLEN UND BEZIEHUNGEN

Bei der Auswahl der Medien kann es hilfreich sein, die beiden sich ergänzenden Rollen zu berücksichtigen, die sie spielen können. Medien können Interesse und Glaubwürdigkeit für eine Marke schaffen, indem sie mentale Assoziationen aufbauen, die über Jahre hinweg bestehen bleiben – ein Konzept, das als Markenentwicklung bezeichnet wird. Diese machen die Menschen empfänglicher für die Marke, reichen aber möglicherweise nicht aus, um allein für Umsatz zu sorgen. Die Menschen werden mit so viel Marketing bombardiert, dass man die Verbraucher oft kurz vor der Kaufentscheidung an die Marke erinnern und ihre Assoziationen in den Vordergrund rücken muss, damit sie ihre Wirkung entfalten können – d. h. Aktivierung. Aus diesem Grund wird häufig eine effektive Kombination aus langfristigen Medien zur Markenentwicklung und kurzfristigen Aktivierungsmedien eingesetzt. Mit anderen Worten: Medien zur Markenbildung bringen den Ball in die Nähe des Tores, und Aktivierungsmedien schießen ihn ins Netz.

MARKENENTWICKLUNG & AKTIVIERUNG

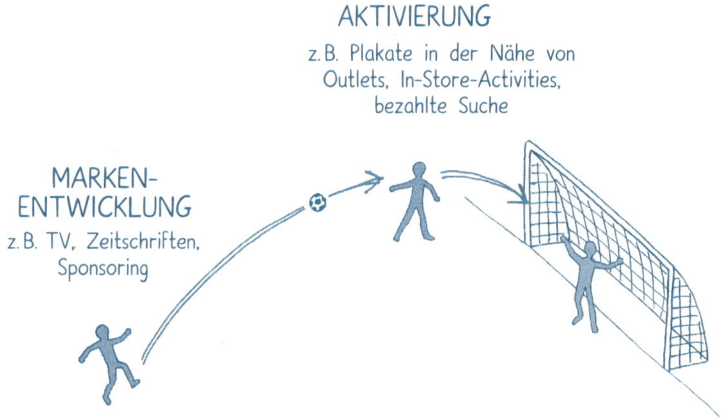

Marketer sollten sich darüber im Klaren sein, welche Kommunikationskanäle sie für die Markenentwicklung und welche für die Aktivierung nutzen werden. Gleichzeitig sollten sie festlegen, wie die Kanäle zusammenwirken, um Kaufentscheidungen zu beeinflussen.

ILLUSTRATION DER BEZIEHUNG ZWISCHEN DEN KANÄLEN

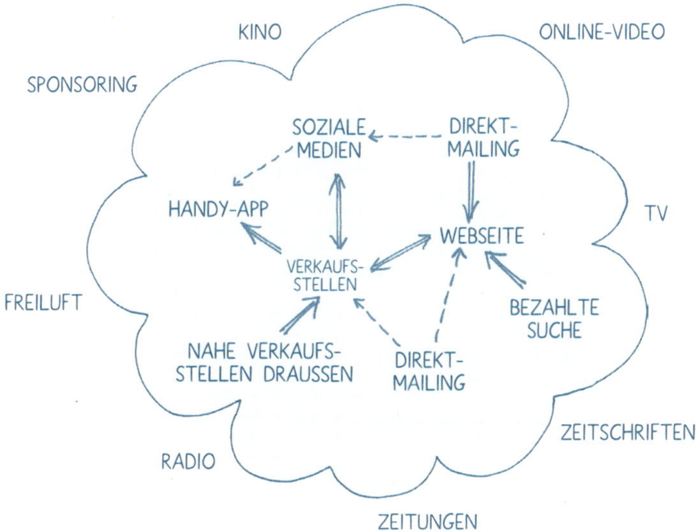

In dieser Abbildung schaffen die äußeren Markenentwicklungskanäle eine Wolke positiver Vorurteile rund um die Marke, wodurch die Menschen besser auf die inneren Aktivierungskanäle reagieren. Beispielsweise weckt das Fernsehen Interesse an der Marke, sodass die Menschen auf die Anzeige klicken, die bei der Suche nach der Kategorie erscheint, und direkt zur Website der Marke weitergeleitet werden.

5.5 MEDIENPLANUNG UND BUDGET

Nachdem die Medienkanäle ausgewählt wurden, müssen im nächsten Schritt Zielgruppe, Zeitplan und Budget festgelegt werden.

ZIELGRUPPE

Je nach verfügbarem Budget sollte die Kommunikation entweder auf die gesamte Zielgruppe der Marke oder auf eine Untergruppe ausgerichtet sein, von der bekannt ist, dass sie für die Marke oder das derzeit im Fokus stehende Produkt empfänglicher ist.

TIMING

ILLUSTRATION DER MEDIENPLANUNG

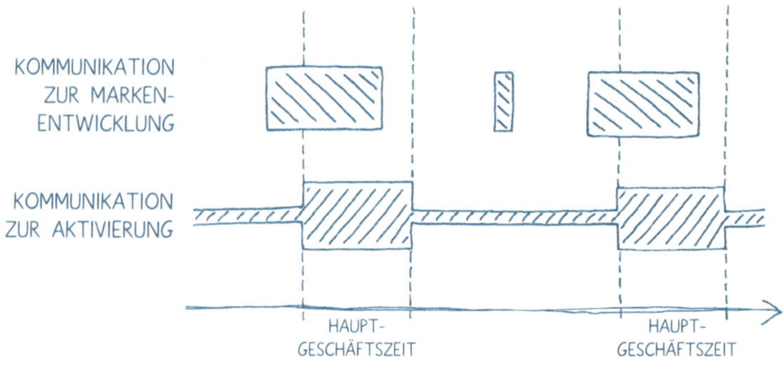

Das Diagramm auf der vorherigen Seite verdeutlicht die wichtigsten Grundsätze für den Zeitpunkt der Kommunikation:

- Die Markenentwicklung konzentriert sich auf die Zeit unmittelbar vor und während der Hauptverkaufszeiten der Kategorie (sofern vorhanden).
- Marken sollten längere Zeiträume (z. B. drei Monate oder länger) ohne Markenentwicklung vermeiden, da es mehr Aufwand erfordert, Erinnerungen wiederherzustellen, wenn diese über einen längeren Zeitraum verblassen konnten.
- Aktivierungskommunikation (z. B. bezahlte Suche) sollte kontinuierlich erfolgen, damit potenzielle Kunden unmittelbar vor dem Kauf, wann immer dies auch sein mag, an die Marke und ihre Vorteile erinnert werden.
- Die Ausgaben für Aktivierungskommunikation werden in Spitzenzeiten erhöht, insbesondere wenn Verkaufsförderungsmaßnahmen bekannt gegeben werden sollen.

Wenn es keinen Grund gibt, die Ausgaben auf bestimmte Zeiträume zu konzentrieren wie z. B. saisonale Verkaufsspitzen oder eine Produkteinführung, sollten die Medienausgaben über einen längeren Zeitraum verteilt werden, um die Effizienz zu steigern (eher »Tropfen« als »Schwall«).

SCHWALL VS. TROPFEN

SCHWALL

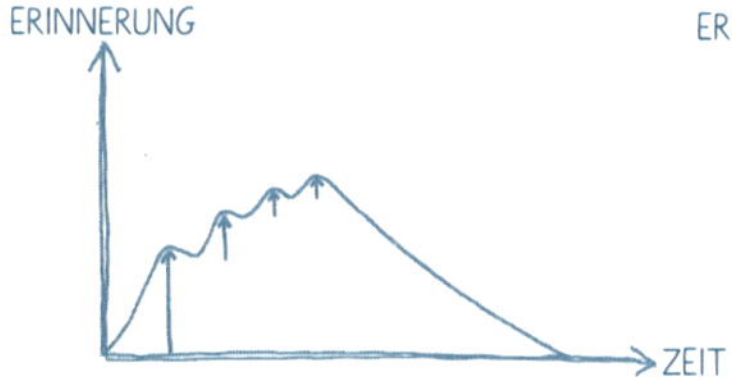

Mit vier Wellen ähnlich hoher Ausgaben in enger zeitlicher Abfolge sind 2, 3 und 4 unnötig, weil die Erinnerung noch anhält.

TROPFEN

Durch die Verteilung der Wellen wird erneute Publicity nach einer Lücke sichergestellt. Das führt zu einer besseren Erinnerung, die länger anhält.

REICHWEITE VS. FREQUENZ

Die Auswirkungen einer einzigen Exposition auf den Umsatz sind größer als die Auswirkungen von zehn gegenüber neun. Dieser Effekt der abnehmenden Rendite bedeutet, dass Kommunikationspläne die Reichweite gegenüber der Häufigkeit priorisieren sollten. Der Effekt wird durch mehrere Ausführungen innerhalb eines Kanals verringert, und die Verwendung mehrerer Kanäle mit sich nicht überschneidenden Zielgruppen ist eine gute Möglichkeit, mehr Menschen zu erreichen und die Häufigkeit gering zu halten. Als goldene Regel gilt, dass Menschen nicht innerhalb kurzer Zeit mehrfach mit denselben Inhalten konfrontiert werden sollten (z. B. 10 bis 15 Mal pro Woche), insbesondere wenn die Inhalte auf einer »Pointe« beruhen oder von vornherein leicht irritierend sind.

AUSGABEN KANÄLEN ZUORDNEN

Vorrang sollten Kanäle haben, von denen angenommen wird, dass sie die Kommunikationsziele zu den geringsten Kosten erfüllen. Aufgrund sinkender Erträge sollten die Ausgaben für jeden Kanal jedoch unter dem Niveau gehalten werden, ab dem er keine gute Investition mehr darstellt.

SINKENDE ERTRÄGE AUS MEDIENAUSGABEN

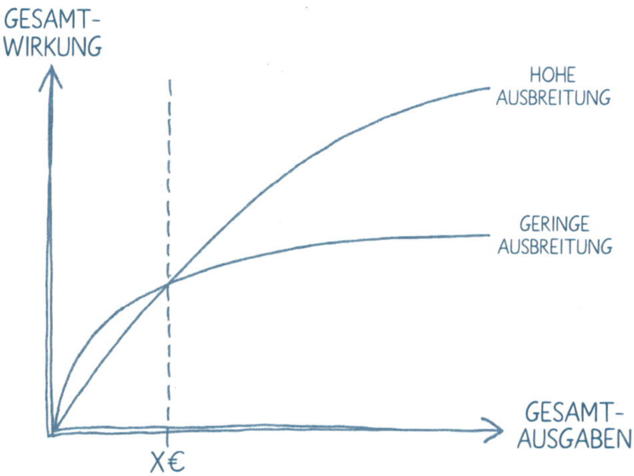

In dem hier dargestellten typischen Szenario sollte eine Marke den Kanal mit geringer Reichweite nutzen, wenn das Budget weniger als X Euro beträgt, und den Kanal mit hoher Reichweite, wenn die Ausgaben mehr als X Euro betragen. Die effizienteste Option ist jedoch eine Mischung aus beiden Kanälen, insbesondere wenn sich ihre Zielgruppen nicht stark überschneiden.

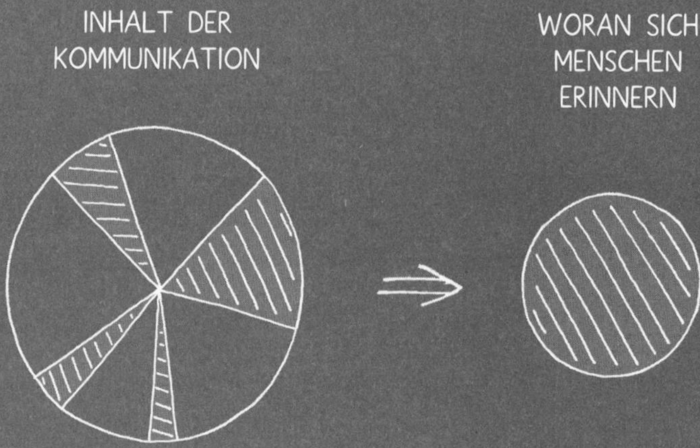

TEIL SECHS

KREATIVE INHALTE

6.1 EINE IDEE ZUR KOMMUNIKATION ENTWICKELN

Eine Kommunikationsidee ist ein Thema, das sich durch die gesamte Kommunikation einer Marke zieht und dazu beiträgt, dass die Marke klare, kohärente Assoziationen entwickelt. Die Marke Snickers beispielsweise nutzte die Idee, Menschen zu zeigen, die sich hungrig wie Diven benehmen, aber nach dem Verzehr eines Snickers-Riegels wieder ganz normal sind. Dahinter stand die Erkenntnis, dass sich das Temperament von Menschen oft vorübergehend ändert, wenn ihr Blutzuckerspiegel niedrig ist. Die »Diva«-Idee war eine Möglichkeit, diese Erkenntnis zu nutzen, um den Zweck der Marke zu unterstreichen – Menschen zu sättigen, wenn sie hungrig sind – und diente viele Jahre lang als Grundlage für zahlreiche Kampagnen über verschiedene Kanäle. Großartige Kommunikationsideen wie diese finden bei der Zielgruppe Anklang und unterstreichen den Zweck der Marke.

TOLLE KOMMUNIKATIONSIDEEN ENTWICKELN

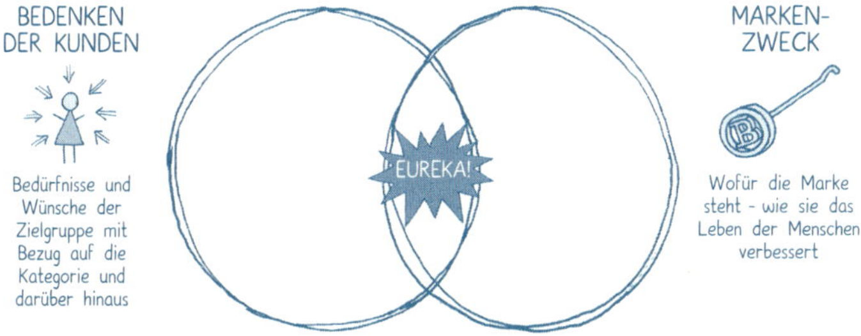

Ein Workshop, an dem das Markenteam und, wenn möglich, externe Kreativ-Experten teilnehmen, ist ideal, um starke Kommunikationsideen zu entwickeln. Die Teilnehmer sollten sich vor oder zu Beginn des Workshops ein umfassendes Verständnis für die Zielgruppe aneignen. Am nützlichsten sind dabei Informationen und Erkenntnisse darüber, wie, wann und warum die Zielgruppe die Produktkategorie nutzt, sowie über ihren Lebensstil, ihre Einstellungen und Prioritäten im Allgemeinen. Das Ziel des Workshops ist es, Ideen zu entwickeln, die sich auf ein Anliegen der Verbraucher beziehen und es der Marke ermöglichen, eine »Heldenrolle« zu übernehmen.

Sobald eine erfolgreiche Idee gefunden wurde, besteht der nächste Schritt darin, ein Kreativteam zu beauftragen, Umsetzungen für die jeweiligen Medien zu entwickeln. Agenturen haben möglicherweise eine bevorzugte Art der Auftragserteilung, aber als Richtlinie sollte der Auftrag die Punkte enthalten, wie in der folgenden Abbildung dargestellt.

BESPRECHUNG MIT KREATIVTEAM

Beschreiben Sie die Zielgruppe	Welche Bedenken haben die Kunden?	Worin besteht der Zweck der Marke?
Erwünschte Assoziationen/Gefühle?	Spezielle Eigenschaften, die dargestellt werden sollen?	Ideen für weitere Kanäle?

Um die Fantasie des Kreativteams anzuregen, ist es hilfreich, wenn die Aufgabenstellung selbst kreativ ist. Es ist wichtig, zu vermitteln, wie die Zielgruppe wirklich ist, und alle charakteristischen Markenmerkmale zu spezifizieren, die in den Umsetzungen enthalten sein müssen. Diese Merkmale können Bilder, Töne, Wörter, Phrasen, Persönlichkeiten oder Charaktere sein – alles, was dazu beiträgt, dass die Marke im Gedächtnis bleibt und sich von der Konkurrenz abhebt. In der Briefing-Phase ist es auch hilfreich, nach Beispielen zu fragen, wie die Idee über mehrere Kanäle hinweg eingesetzt werden könnte, um sicherzustellen, dass sie die Flexibilität bietet, die die Marke benötigt.

6.2 KREATIVE IDEEN BEWERTEN

Der folgende Rahmen ist hilfreich, um das Potenzial kreativer Ideen zu bewerten.

IDEEN, DIE ZU GROSSARTIGER KOMMUNIKATION FÜHREN

EMOTIONAL BEWERTEN

Es ist von größter Bedeutung, beim Publikum den richtigen Ton zu treffen. Menschen verstehen die besten Ideen mühelos und können sich mit ihnen identifizieren. Durch eine emotionale Bindung bleiben die Botschaften im Gedächtnis haften und die Marke wird positiv wahrgenommen.

ROLLE FÜR DIE MARKE

Manche Kommunikationsideen scheitern, weil die Menschen Schwierigkeiten haben, sie mit der Marke in Verbindung zu bringen. Die Marke sollte so zentral für die Idee sein, dass Menschen, wenn sie die Idee beschreiben, ganz natürlich auf die Marke Bezug nehmen. Der Zweck der Marke, sofern es einen gibt, stellt in der Regel die Verbindung zwischen der Marke und der Idee her.

RELEVANTE ASSOZIATIONEN

Die Idee sollte die für die Marke gewünschten Assoziationen hervorrufen. Beispielsweise wurde in der Werbung für den Weichspüler Snuggle viele Jahre lang ein animierter Teddybär gezeigt, der es liebte, sich an frische Wäsche zu kuscheln, wodurch die Marke mit den Konzepten Weichheit und liebevolle Familienpflege in Verbindung gebracht wurde.

BESONDERE EIGENSCHAFTEN

Ein markantes Merkmal ist alles, was in den Köpfen der Menschen mit der Marke in Verbindung gebracht und nicht mit anderen Marken assoziiert wird. Dies können Bilder, Töne, Wörter, Phrasen, Persönlichkeiten oder Charaktere sein. Der »Swoosh« von Nike und der Slogan »Just Do It« sind zwei Beispiele dafür. Sind diese markanten Merkmale einmal etabliert, tragen sie dazu bei, dass die Marke beim Erleben der Kommunikation in den Sinn kommt. Dies hilft bei der Bildung neuer Assoziationen oder der Verstärkung bestehender.

DISKUSSION INITIIEREN

Die Wirkung einer Kampagne kann erheblich verstärkt werden, wenn sie gesellschaftlich relevant ist. Die Kampagne #likeagirl der Hygienemarke Always regte dazu an, darüber nachzudenken, wie die abwertende Verwendung dieses Ausdrucks das Selbstbewusstsein von Mädchen beeinträchtigen kann. Die Kampagne erregte großes Medieninteresse, wurde zu einem heißen Thema in den sozialen Medien (177.000 Tweets mit dem Hashtag in drei Monaten) und hatte einen phänomenalen Einfluss auf den Umsatz.

KREATIVITÄT INSPIRIEREN

Ein sicheres Zeichen dafür, dass eine Idee Potenzial hat, ist, wenn das Team leicht viele Möglichkeiten findet, die Idee über verschiedene Kanäle hinweg umzusetzen. Einige der effektivsten Kampagnen haben sogar Marken-Fans dazu inspiriert, ihre eigenen Varianten oder Parodien zu kreieren. Die »Share a Coke«-Kampagne von Coca-Cola führte dazu, dass Hunderttausende von Bildern geteilt wurden, auf denen Cola-Flaschen mit witzigen Sprüchen zu sehen waren – und sogar ein oder zwei Heiratsanträge.

LEICHT ANPASSBAR

Kommunikationsideen sollten universell genug sein, um in verschiedenen Medien und Kulturen zu funktionieren. Wenn eine Idee so starr und spezifisch ist, dass sie nur in einem Kanal funktioniert, ist sie wahrscheinlich nicht groß genug, um das Publikum zu begeistern.

6.3 INHALTE BEWERTEN

Das Aussortieren von Inhalten mit geringem Potenzial und die Investition nur in die besten Inhalte spart Geld und sorgt dafür, dass die Kommunikation eine größere Wirkung erzielt. Dazu sollten die Inhalte in jeder Phase des Entwicklungsprozesses bewertet werden, idealerweise auf der Grundlage von Marktforschungsergebnissen und anhand der folgenden Kriterien:

KOMMUNIKATIONSINHALTE BEWERTEN

		WONACH AUSSCHAU HALTEN?
AUFMERKSAMKEIT ERZEUGEN		Generiert es Aufmerksamkeit? Sorgt es schnell für Interesse oder Emotionen?
MARKENASSOZIATIONEN HERSTELLEN		Woran werden sich die Menschen erinnern? Wird die Marke dazugehören? Werden die gewünschten Assoziationen hergestellt?
ENTSCHEIDUNGEN BEEINFLUSSEN		Glauben die Menschen, dass es für sie relevant ist? Finden sie es glaubhaft? Macht es die Marke sympathisch?
KUNDENZUFRIEDENHEIT STÄRKEN		Werden die Vorzüge der Marke klar? Scheint das Markenangebot einzigartig?

Menschen sind mental nicht in der Lage, alles um sich herum aufzunehmen. Daher sind sie darauf programmiert, das meiste zu ignorieren und nur auf Ungewöhnliches zu achten, falls es eine Gefahr oder eine neue Chance darstellt. Das bedeutet, dass Inhalte sich von ihrer Umgebung abheben und unverwechselbar sein müssen, um Aufmerksamkeit zu erregen. Anschließend müssen sie schnell eine intellektuelle oder emotionale Verbindung zum Publikum herstellen, um die Aufmerksamkeit aufrechtzuerhalten. Dies kann beispielsweise durch eine Frage, attraktive Menschen, niedliche Tiere, faszinierende Bilder oder mitreißende Musik erreicht werden.

Sobald die Aufmerksamkeit gewonnen ist, behalten die Menschen das, was sie am interessantesten finden, und vergessen den Rest. Es ist nicht ungewöhnlich, dass weniger als die Hälfte einer audiovisuellen Werbung wenige Minuten nach dem Ansehen noch in Erinnerung ist. Was Gefühle angeht, neigen Menschen dazu, sich nur an die stärksten Emotionen zu erinnern, die sie empfunden haben, und an die Emotionen, die am Ende zurückgeblieben sind.

SELEKTIVE AUFMERKSAMKEIT

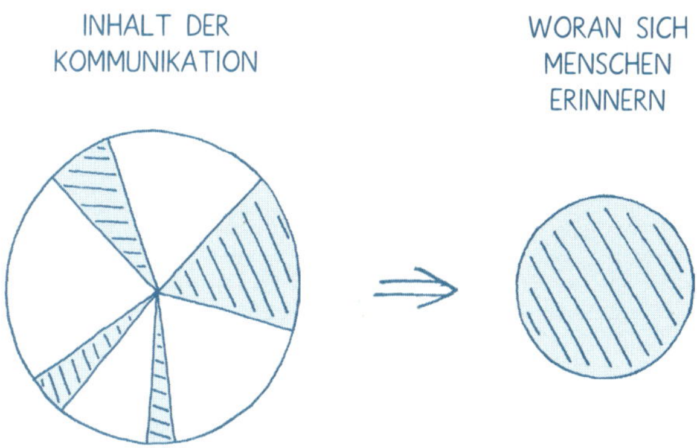

Marktforschung kann dabei helfen, vorherzusagen, was langfristig in Erinnerung bleibt. Damit Inhalte wirksam sind, muss das, was im Gedächtnis bleibt, die gewünschten Assoziationen hervorrufen und mit der Marke in Verbindung stehen.

Wenn die Strategie fundiert ist, sollten die Inhalte für die Zielgruppe relevant und für die Marke glaubwürdig sein und positive Gefühle gegenüber der Marke hervorrufen. Die Attraktivität oder die Betrachtung der Marke sind geeignete Messgrößen, die Kaufabsicht hingegen nicht, da Kaufentscheidungen von anderen Faktoren abhängen wie beispielsweise dem Ausprobieren des Produkts und dem Preis im Vergleich zu Alternativen.

Kommunikation hat eine noch größere Wirkung, wenn sie dazu führt, dass Menschen die Marke bei der Nutzung mehr schätzen. Daher erweckt der beste Content das Nutzererlebnis auf einprägsame Weise zum Leben und lässt es einzigartig erscheinen.

Ob Inhalte wahrscheinlich im Gedächtnis bleiben, lässt sich gut vorhersagen, indem man überlegt, wie sie psychologische Prozesse im Gehirn auslösen könnten. Es gibt drei Arten von Langzeitgedächtnis (episodisches, semantisches und prozedurales Gedächtnis), und Inhalte sollten idealerweise in zwei oder sogar alle drei Arten einfließen.

TYPEN VON LANGZEITGEDÄCHTNIS

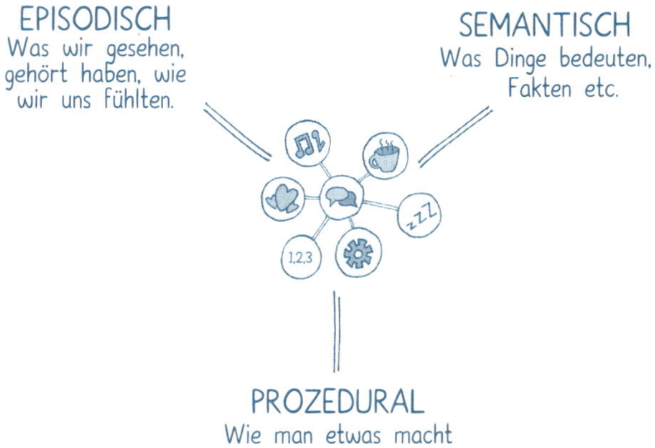

EPISODISCH

Das sind Bilder, Geräusche und Gefühle, die man aus dem Inhalt in Erinnerung behält. Kommunikation, die Geschichten erzählt, eignet sich gut, um episodische Erinnerungen zu schaffen, da Menschen Geschichten leicht verstehen und sich gut merken können und sich gleichzeitig emotional mit ihnen identifizieren.

SEMANTISCH

Semantische Erinnerungen befassen sich mit der Bedeutung. Dazu gehören die Funktionen, Eigenschaften und Vorteile eines Produkts.

PROZEDURAL

Prozedurale, also verhaltensbezogene Erinnerungen beziehen sich darauf, wie Handlungen ausgeführt werden. Durch das Zeigen der Verwendung eines Produkts wird sichergestellt, dass prozedurale Erinnerungen entstehen. Oreo-Kekse verwenden in ihrer Kommunikation das Ritual »Twist, Lick, Dunk« (Drehen, Lecken, Eintauchen) und haben damit die Marke weltweit eingeführt.

6.4 DIE BEDEUTUNG DES BRANDINGS

Ein häufiger Fehler bei Kommunikationsinhalten ist, dass sich die Menschen nicht an die Marke erinnern können oder, schlimmer noch, sie einem Wettbewerber zuordnen. Daher sollte man sorgfältig darüber nachdenken, wie man es den Menschen leicht macht, sich die Marke zu merken. Nicht jedes Detail einer Werbung bleibt im Gedächtnis haften, aber die Marke sollte niemals in Vergessenheit geraten.

Hier einige Möglichkeiten, eine klare Rolle für die Marke zu definieren

EINE KLARE ROLLE FÜR DIE MARKE

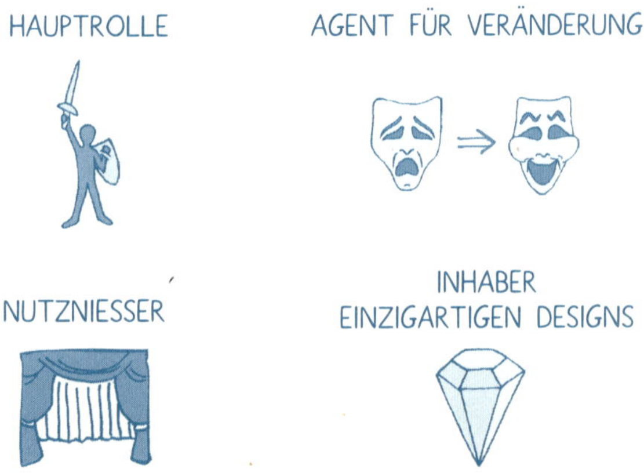

HAUPTROLLE

Die Marke bleibt sicher im Gedächtnis, wenn das Produkt selbst unverwechselbar ist und eine Hauptrolle in der Kommunikation einnimmt (z. B. Dyson) oder wenn eine Figur, die die Marke verkörpert (z. B. Barry Scott von Cillit Bang), der Star ist.

AGENT FÜR VERÄNDERUNG

Wenn die Marke eine entscheidende Rolle dabei spielt, eine Situation zum Positiven zu wenden (z. B. Snickers), bleibt sie wahrscheinlich in Erinnerung. Dieses Werbeformat »Problem-Lösung« ist seit Langem etabliert und funktioniert nach wie vor gut, wenn es originell umgesetzt wird.

NUTZNIESSER

Eine Marke kann sich auch einen Namen machen, indem sie als Förderer oder Sponsor von beim Publikum beliebten Inhalten auftritt. Dies funktioniert, wenn die Marke regelmäßig in diesem Zusammenhang erwähnt wird. So brachte beispielsweise Virgin von 1996 bis 2017 jedes Jahr im Sommer mit dem »V Festival« Musik und Comedy zum Publikum in Großbritannien, was den abenteuerlustigen, leidenschaftlichen und kreativen Charakter der Marke unterstrich.

INHABER EINZIGARTIGEN DESIGNS

Ein unverwechselbarer Designstil ist ein großer Vorteil für eine Marke. Damit werden Inhalte, die diesen Stil verwenden, sofort erkannt und mit der Marke in Verbindung gebracht (z. B. Red Bull »verleiht Flügel«). Aus diesem Grund legen manche Marken eine Reihe charakteristischer Elemente fest, die in allen Werbemaßnahmen der Marke zum Einsatz kommen. Durch die wiederholte Verwendung dieser Elemente werden sie eng mit der Marke assoziiert.

Wenn diese Elemente in der Kommunikation eingesetzt werden, rufen sie sofort die Marke in Erinnerung und erleichtern so die Bildung neuer Assoziationen. Der Aufbau dieser Assoziationen funktioniert genauso, wie Pawlows Hunde lernten, den Klang einer Glocke mit der Fütterungszeit zu verbinden. Es reicht aus, wenn beides mehrmals zusammenfällt.

Unverwechselbare Markenelemente sind besonders wertvoll, da sie auch dazu genutzt werden können, Markenerinnerungen auszulösen und Entscheidungen kurz vor dem Kauf zu beeinflussen, z. B. durch ihre Platzierung auf der Verpackung selbst oder im Rahmen von POS-Aktivitäten. Die unverwechselbare violette Farbe eines Cadbury-Riegels löst Assoziationen mit Cadbury aus, sobald Menschen sie sehen.

6.5 INHALT OPTIMIEREN

Es lohnt sich immer, Inhalte auf der Grundlage von Kundenfeedback zu optimieren, insbesondere wenn das Medienbudget hoch ist.

FLUSSDIAGRAMM ZUR CONTENT-OPTIMIERUNG

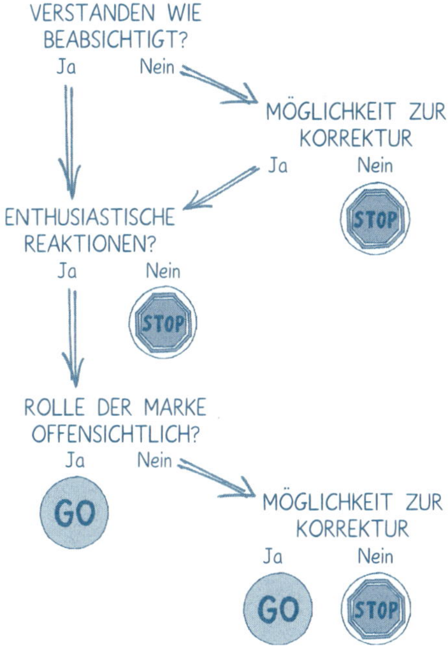

Als Erstes sollten Sie prüfen, ob die Nutzer den Inhalt so verstehen, wie er gedacht ist. Da das Entwicklungsteam oft so nah am Projekt ist, geht es leicht davon aus, dass die Zielgruppe bereits über Vorwissen verfügt. Oft reichen schon kleine Änderungen aus, um Verständnisprobleme zu beheben und das volle Potenzial der Idee zu entfalten.

Wenn die Idee zwar verstanden wird, die Reaktionen jedoch verhalten ausfallen, mangelt es dem Inhalt höchstwahrscheinlich an Potenzial, und man sollte sich auf Alternativen konzentrieren.

Bei positiven Reaktionen muss abschließend sichergestellt werden, dass die Rolle der Marke klar erkennbar ist. Ist dies nicht der Fall, lässt sich die Markenbindung möglicherweise stärken, indem man sie deutlicher hervorhebt oder ihre Präsenz innerhalb der einprägsamen Elemente erhöht.

Es gibt mehrere Möglichkeiten, wie Content angepasst werden kann, wenn die Idee dahinter gut ist.

INHALTE DER KOMMUNIKATION VERBESSERN

HOOK DARSTELLEN

Aufmerksamkeit zu erregen ist entscheidend, daher sollte das entscheidende Element – der »Aufhänger« oder »Hook« – im Mittelpunkt stehen. Das kann ein auffälliges Produkt, ein faszinierendes Bild, eine überraschende Überschrift oder mitreißende Musik sein.

UNRAT BESEITIGEN

Inhalte lassen sich oft verbessern, indem man sie vereinfacht und überflüssige Elemente entfernt. Überladene Werbeanzeigen werden häufig übersehen. Ebenso schalten die Zuschauer ab, wenn Videocontent schwer zu verfolgen oder mit Informationen überladen ist. Anzeigen mit durchgehendem Voice-over verlieren schnell die Aufmerksamkeit der Zuschauer. Durch Pausen innerhalb einer Anzeige können Ideen und Botschaften wirken, wodurch das sogenannte »Memory Displacement« vermieden wird.

AUFMERKSAMKEIT LENKEN

Menschen konzentrieren sich instinktiv auf bestimmte auffällige Elemente: Gesichter, deren Blickrichtung, kontrastreiche Farben und Bewegung. Dies lässt sich nutzen, um die Aufmerksamkeit auf die Marke oder andere wichtige Elemente des Inhalts zu lenken. Es kann auch Ablenkungen vermeiden.

FOKUS AUF DIE BOTSCHAFT

Man sollte sich in einer einzelnen Botschaft auf nur ein oder zwei explizite Aussagen konzentrieren. Weitere Informationen werden wahrscheinlich nicht im Gedächtnis bleiben und können beim Publikum Verwirrung stiften und das Interesse mindern. Die wirkungsvollsten Inhalte beschränken sich auf ein Minimum an expliziten Aussagen und lassen Raum für implizite Botschaften, die durch Bilder, Musik, Figuren und die Handlung vermittelt werden.

TEIL SIEBEN

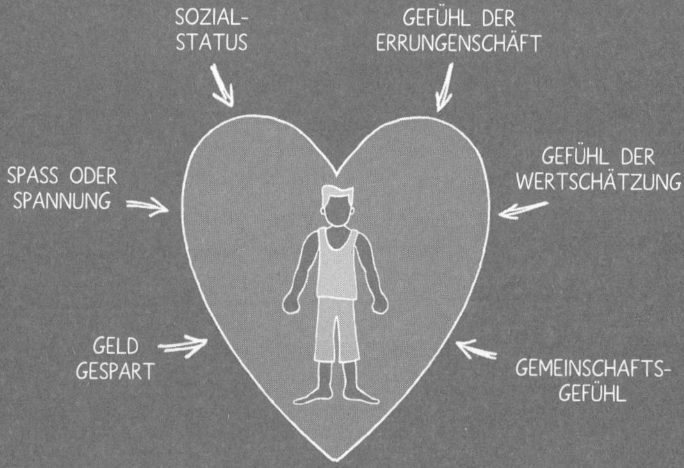

WERBEMASSNAHMEN

7.1 PREISE ANPASSEN? WANN?

Die Preisgestaltung ist ein entscheidender Bestandteil des Marketing-Mixes, da sie sowohl den kurz- als auch den langfristigen Gewinn maßgeblich beeinflussen kann.

Laut *Harvard Business Review* (1992) verzeichnet ein Unternehmen bei einer Preissenkung um nur 1 % in der Regel einen Rückgang des Betriebsgewinns um 11 %; McKinsey & Co (2003) nannte einen ähnlichen Wert von 8 %. Damit ist klar, dass die Beibehaltung des Markenpreises für die langfristige Rentabilität entscheidend ist.

Preisanpassungen können einem Unternehmen jedoch dabei helfen, seinen Cashflow zu steuern, indem sie den Absatz in ruhigeren Zeiten ankurbeln oder die Gewinne bei begrenztem Angebot optimieren. In den meisten Märkten verkaufen sich preisgünstige Marken in größeren Mengen als hochpreisige, und eine Marke verkauft mehr, wenn sie ihren Preis senkt, und weniger, wenn sie ihn erhöht. Der Preis der Marke im Vergleich zu ihren direkten Konkurrenten ist in der Regel der wichtigste Faktor, daher sollten Marketingfachleute die Preisgestaltung genau im Auge behalten und Anpassungen vornehmen, um den Preisunterschied in einem akzeptablen Rahmen zu halten. Dieser Rahmen hängt wiederum von der Attraktivität der Marke im Vergleich zu ihren direkten Mitbewerbern ab.

ABWÄGUNG ZWISCHEN PREIS UND ATTRAKTIVITÄT

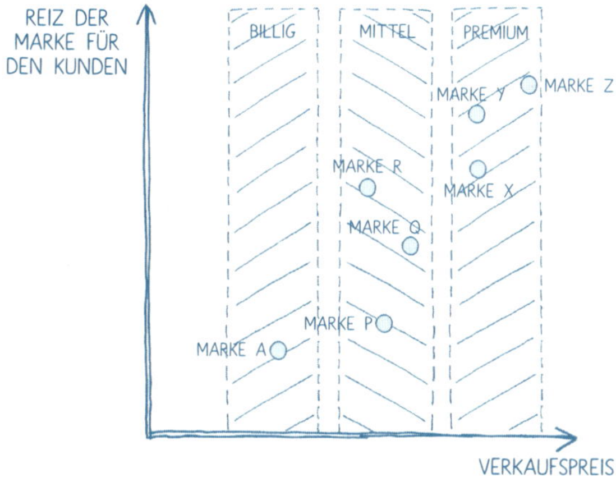

In der Abbildung ist Marke A die einzige preisgünstige Marke und wird daher wahrscheinlich von allen gewählt, die nach der günstigsten Option suchen. Marke P befindet sich in einer schlechten Position, da ihr Preis dem von Marke Q und Marke R ähnelt, sie jedoch weitaus weniger attraktiv ist. Marke R hat einen klaren Vorteil gegenüber Marke Q, da sie für Verbraucher attraktiver ist und etwas günstiger angeboten wird. Im Premium-Segment schlägt Marke Y Marke X, da sie bei gleichem Preis eine größere Anziehungskraft ausübt, während Marke Z wahrscheinlich jeden anspricht, der das Allerbeste aus dieser Kategorie haben möchte und bereit ist, dafür zu zahlen.

Der optimale Preis einer Marke hängt von den Preisen ihrer engsten Konkurrenten ab. Unternehmen neigen dazu, die Preisgestaltung der anderen zu kopieren, was zu »Preiskämpfen« führen kann, bei denen der Wert der Produktkategorie immer weiter sinkt, bis die meisten Unternehmen Schwierigkeiten haben, Gewinne zu erzielen. Überleben können nur Marken mit hoher Differenzierung und Anziehungskraft.

7.2 AKTIONSPREISE WANN?

Sonderangebote beinhalten eine vorübergehende Senkung des Verkaufspreises oder den Erlass anderer Gebühren, die der Kunde normalerweise zahlen muss, wie beispielsweise Versandkosten.

Auch wenn dies für Marken im unteren und mittleren Preissegment relevant sein mag, gibt es eindeutige Belege dafür, dass Premium-Marken solche Preisnachlässe vermeiden sollten. Ein höherer Preis signalisiert dem Verbraucher höhere Qualität – ein Effekt, der sich durch die Erwartungstheorie erklären lässt –, sodass Preisnachlässe die Wahrnehmung von Qualität und Exklusivität untergraben. Dies erklärt, warum die Luxusmarke Louis Vuitton ihre Mitarbeiter jede Saison mit unverkauften Waren belohnt, anstatt ihr Image durch einen Ausverkauf zu schädigen.

Einzelhändler verlangen manchmal von Marken Aktionspreise als Voraussetzung für die Aufnahme ihrer Produkte in das Sortiment. Der Markeninhaber kann dies als Teil der Geschäftskosten akzeptieren, doch wenn die Marke sich deutlich von anderen abhebt und bei den Verbrauchern beliebt ist, befindet sie sich in einer wesentlich stärkeren Verhandlungsposition. Sind Preisaktionen notwendig, müssen Marketingfachleute wissen, wie sie diese optimal einsetzen können.

PREISAKTIONEN: GOLDENE REGELN

NICHT VERSCHENKEN

Die angemessene Höhe des Preisnachlasses hängt von den Gepflogenheiten und wirtschaftlichen Gegebenheiten der jeweiligen Produktkategorie ab: Der Preisnachlass sollte groß genug sein, um die Aufmerksamkeit der Verbraucher zu wecken, aber nicht so hoch, dass er dem Ruf der Marke schadet.

BERECHNEN

Die Hauptkosten einer Preisaktion bestehen in dem Gewinnrückgang bei Käufen, die ohne die Aktion zum vollen Preis getätigt worden wären; hinzu kommen jedoch auch Kosten für die Organisation und Bekanntmachung der Aktion. Die Nettoauswirkung der Aktion auf den Gewinn kann leicht negativ ausfallen.

ANLASS FINDEN

Wenn es einen besonderen Anlass für einen Preisnachlass gibt, beispielsweise das Jubiläum der Marke, unterstreicht dies die Exklusivität des Angebots und trägt dazu bei, dass die Qualität der Marke nicht infrage gestellt wird.

KURZ FASSEN

Aufgrund der sogenannten Knappheitsheuristik und der Angst, etwas zu verpassen (FOMO; fear of missing out), schätzen Menschen Dinge im Allgemeinen mehr, wenn sie nur in begrenzter Menge verfügbar sind. Deshalb reagieren sie eher auf ein Sonderangebot, wenn dieses nur für kurze Zeit gültig ist. Aus diesem Grund sind »Countdown«-Aktionen so effektiv.

ZUR RARITÄT MACHEN

Wenn Preisaktionen häufig stattfinden, gewöhnen sich die Kunden daran und warten darauf. Dies mindert den Wert der Marke und führt dazu, dass die Kunden den Kauf erst dann in Betracht ziehen, wenn das Produkt im Angebot ist. Preisaktionen sollten daher nur sparsam eingesetzt werden.

Wenn ein Unternehmen Schwierigkeiten hat, sein Budget auszugleichen, können Werbeaktionen eine vorübergehende Lösung darstellen. Preisnachlässe oder großzügige Mengenrabatte können helfen, den Cashflow anzukurbeln oder die Kosten zu senken, die dem Unternehmen durch die Lagerhaltung von Überbeständen entstehen. Solche Werbeaktionen können in entscheidenden Momenten notwendig sein, um die Finanzen eines Unternehmens zu stützen, sollten jedoch nur als letztes Mittel in Betracht gezogen werden.

7.3 WERBEAKTIONEN ZUM AUSBAU DES KUNDENSTAMMS

Werbeaktionen können eine wichtige Rolle beim Aufbau des Kundenstamms einer Marke spielen, auch wenn sie mehr kosten als der unmittelbare Ertrag aus den dadurch generierten Neuverkäufen. Langfristig können sie sich um ein Vielfaches auszahlen, wenn die neuen Kunden die Marke später zum vollen Preis kaufen oder andere Produkte der Marke erwerben. Marken mit einer hervorragenden Nutzererfahrung profitieren am meisten davon, da Wiederholungskäufe wahrscheinlich sind und jeder neue Kunde das Potenzial hat, durch Mundpropaganda weitere Kunden zu gewinnen. Solche Marken sollten in ihrer Einführungsphase so viel in Verkaufsförderungsmaßnahmen investieren, wie sie sich leisten können, um ihre Nutzerbasis anzukurbeln.

LEBENSZEITWERT EINES TREUEN KUNDEN

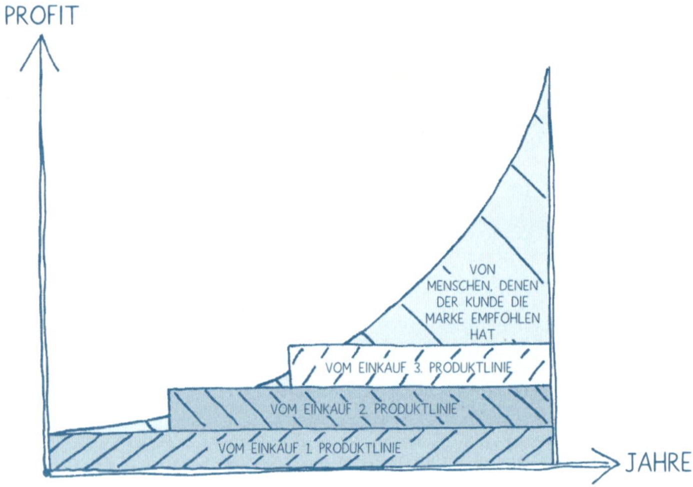

Werbeaktionen und Anreize sind besonders wertvoll, um Menschen zu beeinflussen, die sich aktiv mit der Marke beschäftigen. Oft reicht schon ein kleiner Anreiz aus, um ihre Entscheidung zugunsten der Marke zu beeinflussen. Etwas kostenlos anzubieten, funktioniert gut, vor allem wenn potenzielle Kunden es höher schätzen, als es das Unternehmen kostet. Das könnte ein kleines Geschenk, die Übernahme der Versandkosten oder eine Garantie sein, die normalerweise extra kostet. Ein Rabatt auf den nächsten Einkauf des Kunden ist eine gute Strategie, da er Kunden dazu ermutigt, die Marke ein zweites Mal zu kaufen. Das gleiche Prinzip gilt für Marken mit Abonnementmodellen. Die Reduzierung oder der Erlass der Gebühr für Neukunden während einer Einführungsphase gibt der Marke die Chance, ihren Wert unter Beweis zu stellen. Außerdem werden Verbraucher die Marke aufgrund eines als

»Endowment-Effekt« bekannten Verzerrungseffekts höher schätzen. Aufgrund ihrer Verlustaversion werden sie zudem zögern, die Marke aufzugeben.

Unternehmen, die mehrere Produkte oder Marken führen, haben Möglichkeiten zur Cross-Promotion. Die Verkaufsförderung für ein Produkt kann genutzt werden, um Interesse an einem anderen Produkt zu wecken. Als Anreiz könnte beispielsweise eine kostenlose Probe oder ein Rabattgutschein für ein anderes Produkt dienen.

In Bereichen, in denen eine Kaufentscheidung aufgrund hoher Kosten oder der Gefahr einer Fehlentscheidung eine große Herausforderung darstellt (z. B. beim Wechsel des Girokontos), können Werbeaktionen dazu beitragen, diese Entscheidung weniger schwerwiegend erscheinen zu lassen.

KOMPLIZIERTE KÄUFE EINFACHER MACHEN

7.4 WERBUNG, UM KUNDEN ZURÜCKZUGEWINNEN

In wettbewerbsintensiven, schnelllebigen Produktkategorien, in denen Verbraucher eine Vielzahl fast gleichwertiger Optionen zur Auswahl haben, fällt es selbst guten Marken schwer, Stammkunden zu binden und sich aus der Masse hervorzuheben. In diesen Kategorien müssen Marken jede Gelegenheit nutzen, um die Aufmerksamkeit der Verbraucher zu gewinnen und sie daran zu erinnern, was ihnen entgeht. Der Erfolg hängt davon ab, kontinuierlich neue Kunden zu gewinnen und ehemalige sowie Gelegenheitskäufer zu einem erneuten Kauf zu bewegen, um den anhaltenden Kundenabwanderungen zur Konkurrenz entgegenzuwirken.

DEN TROPFENDEN EIMER STÄNDIG NACHFÜLLEN

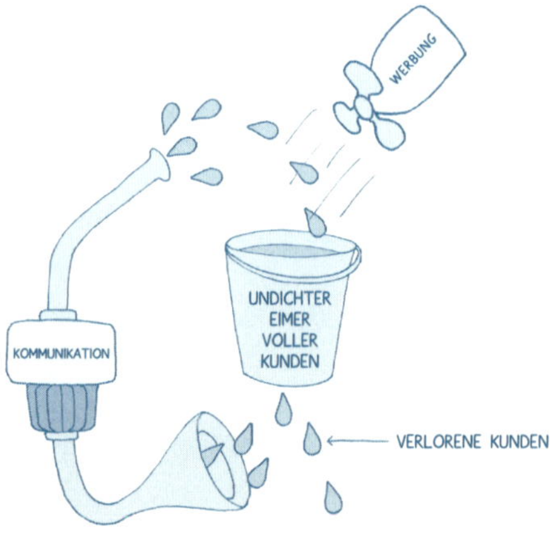

Werbeaktionen können ein wirksames Mittel sein, um Umsätze bei Kunden zu erzielen, die die Marke sonst übersehen hätten, insbesondere wenn sie in Verbindung mit markenbildender Kommunikation eingesetzt werden. Die Kommunikation macht die Menschen für die Marke empfänglich, sodass Werbeaktionen lediglich den Abschluss sichern müssen.

Im Folgenden werden bewährte Vorgehensweisen für Verkaufsförderungsmaßnahmen beschrieben, die sich an ehemalige Käufer richten.

MODERATE ANREIZE

Das Ziel besteht darin, die Menschen an eine Marke zu erinnern, die sie bereits mögen; daher sollte ein kleiner Anreiz ausreichen. Zu den Möglichkeiten zählen ein moderater Preisnachlass, eine kostenlose Probe eines anderen Produkts oder eine Belohnung, die derzeit alle Käufer des Produkts erhalten, wie beispielsweise die Teilnahme an einem kostenlosen Gewinnspiel. Starke Preisnachlässe sollten vermieden werden.

NICHT DIE STAMMKUNDEN ANSPRECHEN

Werbeaktionen, die auf ehemalige Käufer ausgerichtet sind, können leicht nach hinten losgehen, wenn letztendlich die Stammkunden davon profitieren. Die Aktion sollte zwar für alle zugänglich sein, ist jedoch kosteneffizienter, wenn die Werbung gezielt auf Personen ausgerichtet wird, die die Marke schon länger nicht mehr gekauft haben und stattdessen zu Konkurrenzprodukten gewechselt haben. Werbeaktionen, die wahrscheinlich nur Stammkunden wahrnehmen, wie beispielsweise Rabatte, die direkt im Regal beworben werden, sollten vermieden werden.

POSITION DER MARKE REFLEKTIEREN

Ein Thema, das zum Markenimage passt, erinnert die Menschen daran, was an der Marke gut ist, und regt sie so zum Kauf an. Außerdem trägt es dazu bei, die Assoziationen mit der Marke bei allen zu stärken, die die Werbeaktion sehen – nicht nur bei denen, die sie nutzen. Um die Wirksamkeit zu maximieren, sollten Thema, Stil und Botschaft auf die übrige Kommunikation der Marke abgestimmt sein.

MENSCHEN EINBEZIEHEN

Zu den wirkungsvollsten Werbeaktionen gehören solche, bei denen die Teilnehmer im Gegenzug für eine Belohnung eine bestimmte Aufgabe erfüllen müssen, beispielsweise ein Selfie zu posten, das das Thema der Aktion widerspiegelt, und dabei den entsprechenden Hashtag zu verwenden. Eine solche Beteiligung sorgt dafür, dass die Werbeaktion besser im Gedächtnis und die Marke länger im Bewusstsein der Menschen präsent bleibt.

KONTAKTINFORMATIONEN UND FOLLOWER SAMMELN

Werbemaßnahmen sind eine gute Möglichkeit, eine Datenbank mit potenziellen Kunden aufzubauen, die für Direktmarketing-Kampagnen genutzt werden kann. Dazu sollten die Teilnehmer gebeten werden, der Marke in den sozialen Medien zu folgen oder ihre Kontaktdaten anzugeben.

7.5 PROGRAMME ZUR KUNDENBINDUNG

Ein Stammkundenkreis, auf dessen Treue man sich verlassen kann, ist ein großer Vorteil. Er sichert dem Unternehmen einen verlässlichen Cashflow und bietet die Möglichkeit, einem aufgeschlossenen Publikum weitere Produkte anzubieten.

Die Bindung eines Kunden kostet zwischen fünf und 25 Mal weniger als die Gewinnung eines neuen Kunden – je nach Branche und je nachdem, welchen Studien man Glauben schenkt. Unabhängig von der genauen Zahl ist die Schaffung von Kundenbindung fast immer wirtschaftlich sinnvoll. Treueprogramme ermutigen Kunden, der Marke treu zu bleiben, und machen die Aussicht auf einen Wechsel unattraktiv. Die effektivsten Programme basieren darauf, zu wissen, was die Zielkunden mögen und von der Marke erwarten sowie welche praktischen oder emotionalen Belohnungen sie als Gegenleistung für ihre Treue schätzen würden.

LOYALEN KUNDENSTAMM BELOHNEN

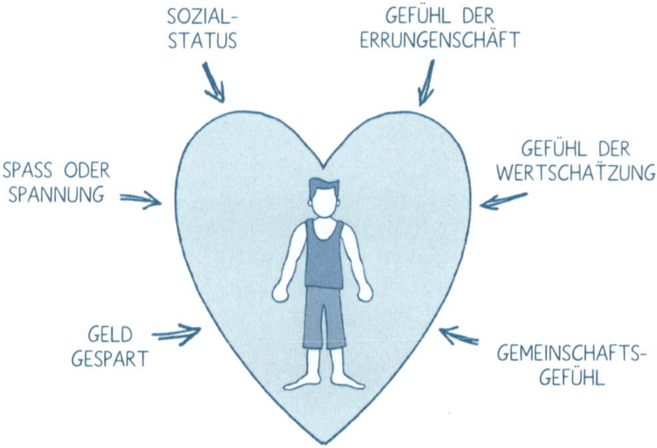

GELD GESPART

Dies ist besonders relevant, wenn die Attraktivität der Marke auf einem guten Preis-Leistungs-Verhältnis beruht. Viele Treueprogramme von Einzelhändlern bieten Rabatte als Gegenleistung für Punkte, die Kunden durch ihre Einkäufe sammeln. Cafés motivieren Kunden, indem sie nach einer bestimmten Anzahl von Besuchen regelmäßig ein kostenloses Getränk anbieten.

SPASS ODER SPANNUNG

Sofern es zur Markenpositionierung passt, eignen sich unterhaltsame Aktivitäten wie Gewinnspiele oder Veranstaltungen ideal als Belohnung. Anfangs lud der Smoothie-Hersteller Innocent seine Fans jeden Sommer zu einem kostenlosen Festival namens »Fruitstock« ein. Selbst kleine unterhaltsame Elemente können gut funktionieren, wie zum Beispiel das Drehen eines virtuellen Glücksrads, um einen zusätzlichen Rabatt oder einen Preis zu gewinnen.

SOZIALSTATUS

Die US-amerikanische Kosmetikmarke Sephora unterstützt ihre Kunden dabei, ihren sozialen Status durch ihr Treueprogramm zu stärken. Wenn Mitglieder pro Kalenderjahr bestimmte Umsatzschwellen erreichen, steigen sie in höhere Stufen auf, die ihnen immer prestigeträchtigere Vorteile bieten. Der »VIB Rouge«-Status gewährt Zugang zu einer privaten Hotline für Beauty-Beratung, kostenlosem Expressversand und Einladungen zu exklusiven Veranstaltungen.

GEFÜHL DER ERRUNGENSCHAFT

Wenn Menschen sich ihre Privilegien durch wiederholte Käufe oder ihre langjährige Kundentreue verdienen müssen, neigen sie aufgrund der Verlustaversion, dazu, diese nur ungern aufzugeben. Beim Sky-VIP-Programm dauert es 15 Jahre, bis man die »Diamond«-Stufe erreicht, die auch einen bevorzugten Zugang zum Kundensupport bietet.

GEFÜHL DER WERTSCHÄTZUNG

Das Angebot von Zusatzleistungen ist eine gute Möglichkeit, treuen Kunden das Gefühl zu geben, geschätzt zu werden. Die gehobene britische Supermarktkette Waitrose schenkt ihren Stammkunden bei jedem Einkauf ein Exemplar ihres Lifestyle-Magazins und einen Kaffee, während Fluggesellschaften ihre Vielflieger in der Regel mit kostenlosen Upgrades belohnen.

GEMEINSCHAFTSGEFÜHL

Marken mit einer klaren Zielsetzung sind gut aufgestellt, um eine Community aufzubauen, die Kunden schätzen und der sie gerne angehören. So nutzt beispielsweise Pampers seine Websites und Social-Media-Kanäle, um mit Eltern über Themen rund ums Baby in Kontakt zu treten und ihnen fachkundige Ratschläge sowie praktische Unterstützung zu bieten.

ÄHNLICHE NUTZUNG/BEDÜRFNISSE
ÄHNLICHER ODER BESSERER PREIS
HAUPT-
VORTEIL
INNOVATIVES MARKETING

MESSUNGEN

8.1 DATENGETRIEBENES MARKETING

Das Verständnis der Verbraucher war schon immer ein wertvoller Beitrag zur unternehmerischen Entscheidungsfindung, doch seit dem Aufkommen der digitalen Technologie ist es unverzichtbar geworden. Die Digitalisierung hat neue Wege eröffnet, um Verbraucher zu erreichen, mit ihnen Geschäfte zu tätigen und Produkte an sie zu vertreiben, was zu mehr Wettbewerb und einer stärkeren Kaufkraft der Verbraucher geführt hat. Gleichzeitig ermöglichen soziale Medien den Austausch von Meinungen über Produkte und Dienstleistungen, wodurch Mundpropaganda zunehmend an Einfluss gewinnt. Angesichts dieser großen Macht der Verbraucher müssen Unternehmen Verbraucherdaten nutzen, um unterschiedlichen Zielgruppen relevantere Botschaften zu vermitteln und ihren Kunden bessere Erfahrungen zu bieten, um wettbewerbsfähig zu bleiben.

DATEN UND ERKENNTNISSE NUTZEN, UM DEN UMSATZ ZU STEIGERN UND KOSTEN ZU SENKEN

WETTBEWERBSFÄHIGKEIT STEIGERN

Marktforschung stellt sicher, dass Produkte und die damit verbundene Kommunikation genau das widerspiegeln, was Kunden am attraktivsten finden und wofür sie gerne bereit sind zu zahlen.

MARKETING-MIX OPTIMIEREN

Nutzen Sie Kundendaten, um zu ermitteln, welche Elemente des Marketing-Mixes priorisiert werden sollten, um den Umsatz anzukurbeln.

PRODUKTE OPTIMIEREN

Ein Verständnis dafür zu entwickeln, was Verbraucher schätzen, ist bei der Entwicklung neuer Produkte und Dienstleistungen hilfreich. So können Funktionen, die für Verbraucher als wenig wertvoll eingestuft wurden, bereits in einer frühen Phase des Prozesses verworfen werden, um Kosten zu sparen.

VERTRIEBSKOSTEN REDUZIEREN

Vertriebskanäle und -maßnahmen zu ermitteln, die bei geringsten Kosten die größte Wirkung erzielen, spart Geld.

MEDIENWIRKSAMKEIT ERHÖHEN

Die Ermittlung von Kommunikationskanälen, die den Umsatz bei minimalen Kosten steigern, gewährleistet eine optimale Nutzung des Medienbudgets.

Der Beitrag, den Marktforschung leisten kann, hängt davon ab, an welcher Stelle des Planungszyklus sich das Unternehmen gerade befindet.

ROLLE DER MARKTFORSCHUNG IM PLANUNGSZYKLUS

In der Planungsphase liefert die Marktforschung Einblicke in das Leben der Verbraucher, die als Orientierung und Inspiration für die Strategie dienen. Sobald Ideen entwickelt wurden, fließt das Feedback der Verbraucher in die Produktentwicklung ein und hilft dabei, vielversprechende Ideen zu identifizieren und Möglichkeiten für deren Verbesserung aufzuzeigen. Die besten Ideen können dann vor der Markteinführung getestet und optimiert werden. Später lassen sich die Wirksamkeit neuer Produkte und Kommunikationsmaßnahmen messen, Kurskorrekturen vornehmen und die Gesamtkapitalrendite bewerten. Anhand der gesammelten Daten lässt sich vorhersagen, ob sich zukünftige Investitionen lohnen, und man kann erkennen, welche Strategien effektiver sind und wiederholt werden sollten.

8.2 MARKENFORTSCHRITT MESSEN

Durch die Messung des Markenfortschritts kann ein Marketingfachmann beurteilen, wie gut die Markenstrategie funktioniert, welche Wirkung Marketingmaßnahmen haben und die Konkurrenz im Auge behalten. Die folgenden vier Kennzahlen gehören zu den wichtigsten für die Beurteilung des Markenerfolgs.

Diese Aspekte entwickeln sich in der Regel unterschiedlich schnell, was bedeutet, dass die aussagekräftigsten Kennzahlen für den Markenfortschritt von der jeweiligen Lebensphase der Marke abhängen (siehe Abschnitt 5.2).

In der Einführungsphase ist die Bekanntheit des Markennamens entscheidend. Allein dessen Vertrautheit sorgt dafür, dass die Menschen der Kaufidee positiver gegenüberstehen (Mere-Exposure-Effekt).

In der Expansionsphase muss die Marke deutlich machen, wie sie sich von Alternativen unterscheidet; daher sollte der Fortschritt anhand des Bekanntheitsgrades der Markenaussage gemessen werden. Dies könnte durch eine offene Umfrage gemessen werden (z. B. »Welche Marken fallen Ihnen ein, die Sie satt machen, wenn Sie Hunger haben?«) oder mithilfe einer Liste mit Markenbeispielen (z. B. »Welche dieser Marken machen Sie satt, wenn Sie Hunger haben?«). Wichtig ist, wie der Anteil der Nennungen der Marke im Laufe der Zeit zunimmt, bis sie diese Dimension »beherrscht«.

In der Defensivphase ist der Großteil der Zielgruppe mit der Marke und ihren Werten vertraut, daher besteht die Priorität darin, die Aufmerksamkeit aufrechtzuerhalten, indem eine starke emotionale Bindung aufgebaut wird.

Um langfristig erfolgreich zu sein, müssen Marken auch bei wachsender Nutzerbasis weiterhin die Erwartungen ihrer Nutzer erfüllen. Der Net Promoter Score (NPS, siehe Abschnitt 2.5) ist ein ideales Instrument zur Messung der Nutzerzufriedenheit und der Weiterempfehlungsbereitschaft.

In den meisten Kategorien ändern sich die Einstellungen der Menschen gegenüber Marken nur langsam. Bei neuen Marken sollte die Position alle sechs Monate oder vierteljährlich überprüft werde. In Kategorien, in denen Verbraucher dazu neigen, sich vor dem Kauf zu informieren, ist die Anzahl der Suchanfragen mit dem Markennamen ein idealer Maßstab, um zu messen, wie die Marke im Vergleich zu Wettbewerbern abschneidet.

8.3 KOMMUNIKATIONS-WIRKSAMKEIT MESSEN

Um die Wirksamkeit von Kommunikationsmaßnahmen zu messen, muss der durch die Kommunikation erzielte Mehrgewinn mit den Kosten für deren Umsetzung verglichen werden. Die Kosten zu addieren ist relativ einfach, doch kann es schwierig sein, den Umsatzbeitrag der Kommunikation von anderen Variablen – darunter Preisaktionen und Aktivitäten der Wettbewerber – zu trennen. Um die Auswirkungen voneinander zu trennen und bei multimedialen Kampagnen die Beiträge der einzelnen Kanäle herauszuarbeiten, sind ausgefeilte Modellierungen erforderlich.

Verkaufsmodellierungen haben gezeigt, dass bestimmte Formen der Kommunikation wie beispielsweise Fernseh- und Zeitschriftenwerbung zur »Markenentwicklung« den Absatz über einen längeren Zeitraum hinweg beeinflussen, sofern sie im Gedächtnis bleiben. Das bedeutet, dass eine ausschließliche Fokussierung auf unmittelbare Verkaufseffekte den Wert der Maßnahme unterschätzen würde. Tatsächlich kann der letztendliche Gewinn leicht zwei- bis fünfmal höher ausfallen als der kurzfristige Effekt. Um einen schnellen Umsatzschub zu erzielen, sind Werbeaktionen eine bessere Wahl als Markenentwicklungsmaßnahmen, auch wenn sie der Marke wahrscheinlich keinen dauerhaften Nutzen bringen.

KURZ- VS. LANGFRISTIGE WERBEEFFEKTE

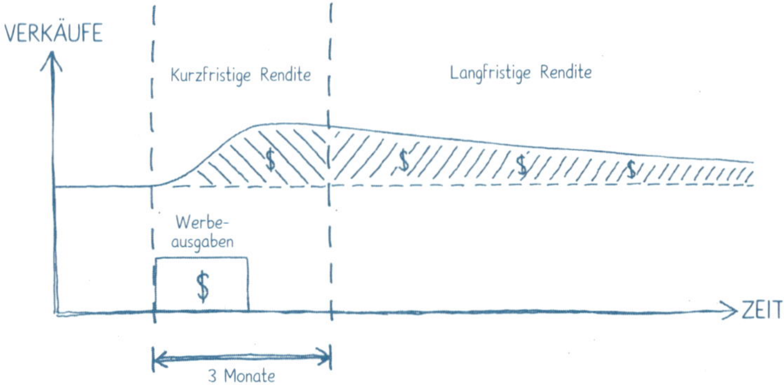

Eine genaue Quantifizierung der Auswirkungen von Kommunikationsmaßnahmen auf den Umsatz ist nicht immer möglich, doch es gibt Möglichkeiten zu überprüfen, ob eine Kommunikationskampagne von den Verbrauchern wahrgenommen wird, und die Wirkung mit früheren Kampagnen zu vergleichen. Ein verlässlicher Indikator für die Wirksamkeit von Kommunikationsmaßnahmen ist der Anstieg der Zahl der Personen, die sich daran erinnern, die Marke kürzlich gesehen oder von ihr gehört zu haben – gemessen mittels einer Umfrage. In einigen Kategorien ist der Anstieg der Suchanfragen, die die Marke enthalten, eine gute Alternative. Wenn die Marke kontinuierlich in Kommunikation investiert, sind solche Zuwächse nicht offensichtlich, und es sind ausgefeiltere Ansätze wie Attributionsmodelle erforderlich.

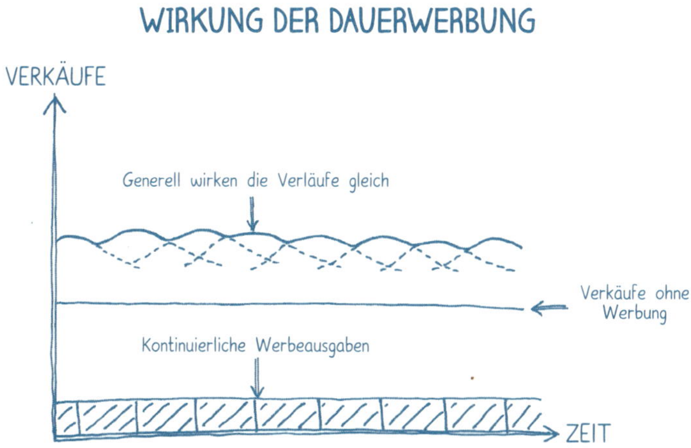

In umkämpften Märkten können Investitionen in die Kommunikation schon allein deshalb notwendig sein, um den Umsatz einer Marke aufrechtzuerhalten. Ist dies der Fall, kann die Kommunikation als wirksam angesehen werden, wenn die Marke mit einem Anteil an den Kategorieausgaben, der ihrem Marktanteil entspricht oder darunter liegt, behauptet werden kann.

Für Marken, die viel Geld für ihre Kommunikation ausgeben, kann es schwierig sein zu entscheiden, ob und wann eine grundlegende Änderung der Kommunikationsstrategie angebracht ist. Es hat Vorteile, einen einheitlichen Werbestil über einen längeren Zeitraum beizubehalten; das bedeutet, dass es sich lohnt, an einer einmal entwickelten, erfolgreichen Kampagne festzuhalten. Die Weihnachtswerbung von Coca-Cola mit einer Parade von Lastwagen läuft bereits seit 1995. Vertrautheit schafft Vertrauen und Wiederholung hilft dabei, starke Erinnerungen zu schaffen; daher erhöht ein roter

Faden, der sich durch die Kommunikation zieht, deren Wirksamkeit. Seit mehr als 20 Jahren stützt die Herrenpflege-Marke Axe (in einigen Ländern Lynx) ihre Kommunikation auf die Idee, gewöhnlichen jungen Männern Selbstvertrauen beim Dating zu geben, vermittelt in einem augenzwinkernden Stil. Die »Axe Effect«-Kampagne wurde im Laufe der Jahre auf vielfältige Weise genutzt, um neue Produkte und Düfte auf den Markt zu bringen, wich jedoch nie von der Erfolgsformel ab.

Die meisten Kampagnen haben jedoch eine begrenzte Lebensdauer. Es gibt drei Hauptgründe, warum die Kommunikationsstrategie einer Marke geändert werden sollte: Sie passt nicht mehr zur aktuellen Zeit, die Ideen sind versiegt oder die Marke muss einen neuen Kurs einschlagen.

GRÜNDE, EINE NEUE KOMMUNIKATIONSIDEE ZU ENTWICKELN

PASST NICHT ZUR ZEIT

IDEEN SIND VERALTET

MARKE MUSS DIE RICHTUNG ÄNDERN

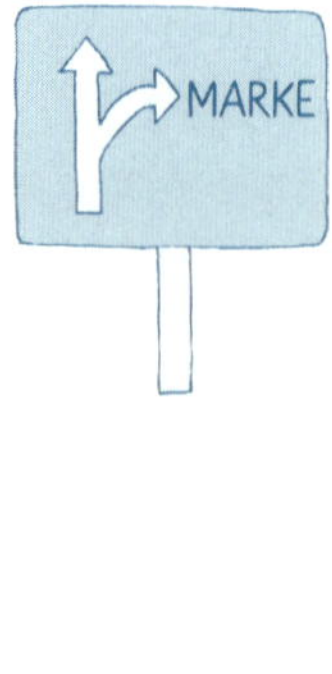

PASST NICHT ZUR ZEIT

Auf lange Sicht kann eine Kampagne an Aktualität verlieren. Im Jahr 2016 stellte Axe den »Axe Effect« ein, da er angesichts der sich wandelnden Einstellungen zu Beziehungen und Dating als unangemessen empfunden wurde.

IDEEN SIND VERALTET

In manchen Fällen fällt dem Kreativteam nichts Interessantes mehr ein, um die Idee am Leben zu erhalten. In diesem Fall kann der neuen Kampagne ein Vorsprung verschafft werden, wenn sie starke Elemente der vorherigen Kampagne beibehält wie zum Beispiel eine Figur, ein grafisches Element oder ein akustisches Motiv – insbesondere, wenn diese bereits fest mit der Marke verbunden sind.

MARKE MUSS DIE RICHTUNG ÄNDERN

Auch für die Neupositionierung einer Marke ist ein neues Kommunikationskonzept erforderlich, doch selbst dann könnten bestehende Elemente einbezogen werden, um den Menschen zu helfen, die neue Kampagne mit der Marke in Verbindung zu bringen – eine Herausforderung, mit der neue Kampagnen oft zu kämpfen haben. In den 1960er-Jahren wurde der Esso-Tiger verwendet, um die Leistungsstärke des Benzins der Marke zu symbolisieren – man empfahl, »einen Tiger in den Tank zu füllen«. Als jedoch Mitte der 1990er-Jahre die Preiswettbewerbsfähigkeit zum Hauptfokus der Marke wurde, wurde der Tiger gezeigt, wie er mit seiner Nachtsicht die Preise der Konkurrenz überprüfte, damit Esso diese jeden Tag anpassen konnte.

8.4 KUNDENERLEBNIS MESSEN

Es hat sich gezeigt, dass die Verbesserung des Kundenerlebnisses die Kundenbindung und den Umsatz pro Kunde steigert und gleichzeitig das Markenimage stärkt. Auf diese Weise werden aus Kunden Fans, die immer wieder zurückkommen und die Marke weiterempfehlen.

Das Kundenerlebnis lässt sich auf den folgenden drei Ebenen messen.

KUNDENERLEBNIS MESSEN

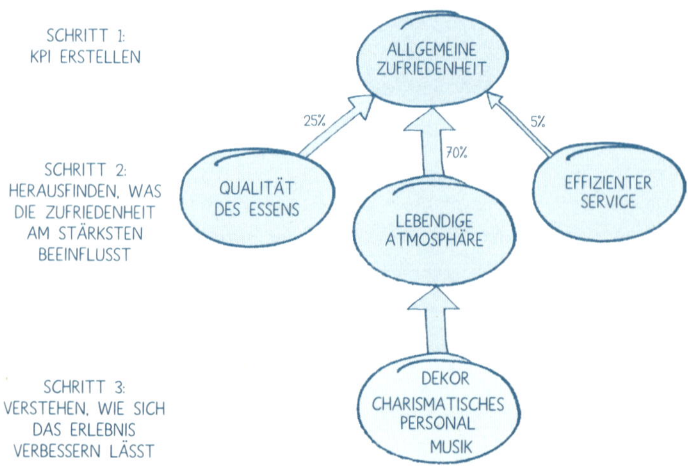

SCHRITT 1: KPI ERSTELLEN

Unternehmen nutzen in der Regel die Gesamtzufriedenheit oder den Net Promoter Score (NPS) als ihren wichtigsten Leistungsindikator (KPI). Beide Kennzahlen werden anhand von Umfragen unter einem repräsentativen Querschnitt der Kunden ermittelt. Der NPS basiert darauf, dass Kunden auf einer Skala von null bis zehn gefragt werden, wie wahrscheinlich es ist, dass sie die Marke weiterempfehlen. Der Wert wird berechnet, indem der Prozentsatz der Befürworter (Bewertungen von neun oder zehn) vom Prozentsatz der Kritiker (Bewertungen von null bis sechs) abgezogen wird. Der NPS wurde anhand kommerzieller Ergebnisse gründlich validiert und ist weit verbreitet. Kennzahlen zur Gesamtzufriedenheit entwickeln sich in der Regel langsam, sodass sie zwar kontinuierlich gemessen werden könnten, eine vierteljährliche oder jährliche Überprüfung jedoch meist ausreichend ist.

SCHRITT 2: ERMITTELN SIE, WAS DIE ZUFRIEDENHEIT AM STÄRKSTEN BEEINFLUSST

Der nächste Schritt bei der Messung besteht darin, herauszufinden, welche Aspekte des Kundenerlebnisses den größten Einfluss auf die Gesamtzufriedenheit haben. Dies kann erreicht werden, indem man die Verbraucher fragt, warum sie eine hohe oder niedrige Gesamtbewertung abgegeben haben, oder indem man Bewertungen für verschiedene Elemente des Kundenerlebnisses einholt und deren Bedeutung durch Analyse ableitet.

SCHRITT 3: VERSTEHEN, WIE MAN DAS ERLEBNIS VERBESSERN KANN

Um zu verstehen, welche Erwartungen an ein Kundenerlebnis gestellt werden und inwieweit die Marke diese erfüllt, können Sie Kunden kurz nach dem Erlebnis ansprechen und bitten, an einer kurzen Umfrage teilzunehmen. Diese bewertet in der Regel die Zufriedenheit mit dieser konkreten Interaktion und erfasst positive oder negative Kommentare dazu. Beispiele hierfür sind Feedback-Formulare, die Gästen am Ende eines Hotelaufenthalts ausgehändigt werden, E-Mails oder Anrufe nach einer Installation zu Hause, Pop-ups, wenn Besucher eine Website verlassen, und SMS, wenn Kunden ein Geschäft verlassen.

Neben den Informationen über Kundenerfahrungen, die im Rahmen von Umfragen erhoben werden, können Unternehmen auch messen, ob sie bestimmte Service-Level-Benchmarks einhalten, beispielsweise die Erledigung von Aufträgen oder die Beantwortung von Anrufen innerhalb eines bestimmten Zeitrahmens oder die Dauer, die für die Abwicklung einer Transaktion auf einer Website oder in einer App benötigt wird. Diese Daten können mit den Zufriedenheitswerten in Beziehung gesetzt werden, um die Faktoren zu ermitteln, die den größten Einfluss auf die Kunden haben.

8.5 MITBEWERBER IM AUGE BEHALTEN

Am besten behält man potenzielle Gefahren im Auge, wenn die Marke scheinbar in bester Verfassung ist. Reagiert man erst, wenn die Marke bereits Anzeichen von Schwäche zeigt, könnte es zu spät sein, um einen langfristigen Niedergang zu verhindern. Daher lohnt es sich, ein einfaches, kontinuierlich funktionierendes Frühwarnsystem einzurichten.

Konkurrenten mit einem ähnlichen Profil verdienen natürlich die größte Aufmerksamkeit, insbesondere wenn sie günstigere Preise anbieten, doch auch jede Marke mit einem innovativen Marketingansatz sollte als potenzielle Bedrohung angesehen werden.

BEDROHUNG DURCH DEN MITBEWERB ERKENNEN

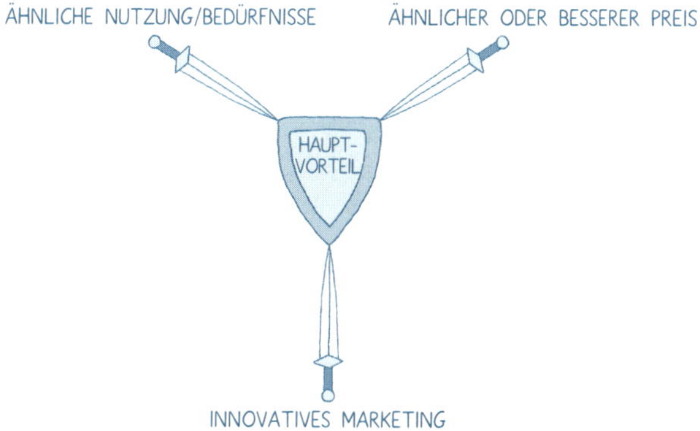

Das rasante Wachstum des Computerherstellers Dell war einem Geschäftsmodell zu verdanken, das sich von dem der großen etablierten Marken unterschied. Dell montierte die Geräte erst, nachdem die Kunden ihre Wünsche angegeben und die Bestellung bezahlt hatten. Dies brachte Kosten- und Liquiditätsvorteile mit sich und führte dazu, dass die Produkte besser auf die Bedürfnisse der Kunden zugeschnitten und preisgünstiger waren. Eine zuverlässige Methode, um Marken mit großem Wachstumspotenzial zu identifizieren, besteht darin, ihren Anteil an der Kauferwägung – gemessen anhand einer Umfrage (oder den Anteil am Interesse, gemessen anhand der Suchanfragen) – mit ihrem Marktanteil zu vergleichen.

MARKEN, DIE ÜBER IHRER GEWICHTSKLASSE PUNKTEN

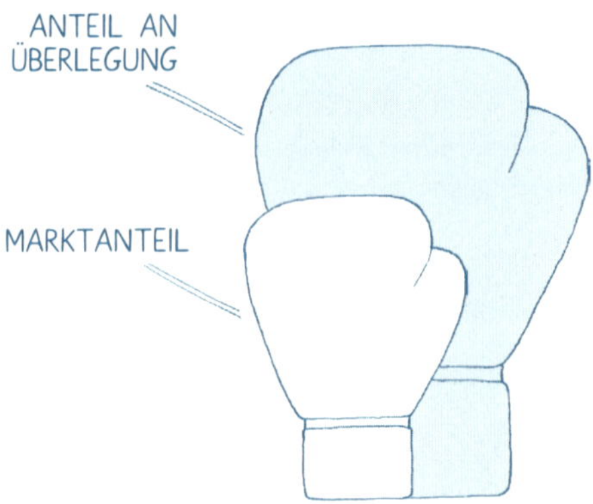

Marken, deren Anteil an Überlegung stärker ist als der Marktanteil, werden wahrscheinlicher wachsen. Umgekehrt besteht das Risiko zu schrumpfen.

Ein hoher Wert bedeutet, dass die Menschen zwar am Kauf der Marke interessiert sind, dies aber noch nicht getan haben – entweder, weil die Marke sehr neu ist oder weil sie noch nicht flächendeckend erhältlich ist. Solche Marken wachsen in der Regel und könnten zu einer großen Bedrohung werden, wenn sie über die Ressourcen verfügen, ihren Vertrieb auszuweiten und verstärkt in Verkaufsförderungsmaßnahmen zu investieren, um das Interesse in tatsächliche Käufe umzuwandeln. Tesla ist ein Beispiel für eine Marke, die in ihren Anfängen im Vergleich zu ihrem Marktanteil eine sehr hohe Kaufabsicht aufwies. Als die Marke ihren Vertrieb ausbaute und ein neues, preisgünstigeres Modell einführte, beflügelte die hohe Kaufabsicht den Absatz und verhalf Tesla dazu, zu einer der weltweit meistverkauften Automarken zu werden.

Wenn Suchanfragen in einer Kategorie aussagekräftig sind, lässt sich Google Trends nutzen, um das Interesse an allen Marken – ob groß oder klein – zu beobachten, sodass sich abzeichnende Bedrohungen frühzeitig erkannt werden können. Alternativ könnte ein auf Umfragen basierendes »Brand Tracking« zum Einsatz kommen. Dabei werden einige direkte Wettbewerber und potenzielle Bedrohungen ausgewählt, um regelmäßig den Bekanntheitsgrad, die Kaufbereitschaft und die Kaufabsicht zu messen sowie gelegentlich die Wahrnehmung in der Öffentlichkeit zu erfassen.

TEIL NEUN

SOZIAL

TECHNOLOGISCH

ÖKONOMISCH

UMWELTTECHNISCH

RECHTLICH

MARKENBEWERTUNG

9.1 MARKENSTRATEGIE BEWERTEN

Markenstrategien sollten mit Blick auf langfristiges Wachstum konzipiert werden. Vorausgesetzt, die Strategie war von vornherein gut durchdacht (siehe Abschnitt 2.2), sollte sie so lange beibehalten werden, bis es Anzeichen dafür gibt, dass sie nicht mehr wirksam ist. Die meisten Unternehmen überprüfen ihre Markenstrategie jährlich. Dies beinhaltet eine Bewertung der Leistung der Marke in Bezug auf Umsatz, Verbraucherpräferenzen und die Wirksamkeit der Marketingmaßnahmen. Eine strategische Überprüfung erfordert zudem eine Analyse etwaiger Wettbewerbsbedrohungen und sich ändernder Verbraucherprioritäten.

MARKENSTRATEGIE BEWERTEN

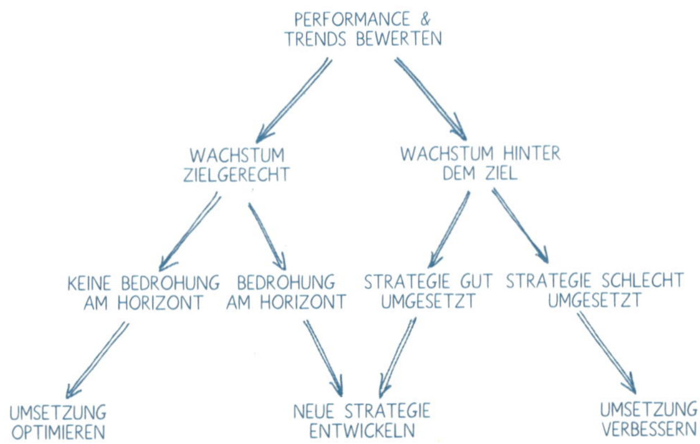

Wichtigstes Ergebnis einer Überprüfung der Markenstrategie ist die Klarheit darüber, ob die aktuelle Strategie der Marke langfristig Erfolg bringen wird. Wenn die Marke ihre Ziele weiterhin erreicht und keine Gefahren festgestellt wurden, kann sie sich darauf konzentrieren, die gute Arbeit fortzusetzen und die Strategie so kosteneffizient wie möglich umzusetzen.

Wenn sich die Marke gut entwickelt, aber eine Gefahr am Horizont auftaucht (siehe Abschnitt 8.2), sollte die Strategie weiterentwickelt werden, damit die Marke im sich wandelnden Marktumfeld weiterhin erfolgreich sein kann.

Wenn eine Marke Schwierigkeiten hat, ihre Ziele zu erreichen, muss zunächst geklärt werden, ob das Problem in der Strategie oder in deren Umsetzung begründet ist. Wurde die Strategie planmäßig umgesetzt, ohne dass die Marke erfolgreich war, liegt der Fehler wahrscheinlich bei der Strategie. War die Umsetzung hingegen mangelhaft, wurde das Potenzial der Strategie nicht ausgeschöpft, sodass die Verbesserung der Qualität der Marketingmaßnahmen Vorrang haben sollte.

Sollte jedoch eine neue Markenstrategie erforderlich sein, muss das Marketingteam erneut überlegen und herausfinden, wonach die Verbraucher in den kommenden Jahren suchen werden und wie die Marke ihnen einen einzigartigen Mehrwert bieten kann.

9.2 EINE NEUE MARKENSTRATEGIE ENTWICKELN

Die Entwicklung einer neuen Strategie ist ein dreistufiger Prozess.

Der erste Schritt besteht darin, Stärken und Schwächen zu ermitteln. Die wirksamsten Strategien bauen auf den Stärken der Marke und des Unternehmens auf und lassen nicht zu, dass die Schwächen der Marke dem Erfolg im Wege stehen. Selbst wenn eine Marke noch immer dieselben Vorteile bietet wie bei ihrer Einführung, haben diese historischen Stärken im Zuge der Marktentwicklung möglicherweise an Bedeutung verloren. Marktforschung ist unerlässlich, um ein aktuelles Bild davon zu erhalten, was die Menschen vom Marktsegment erwarten, was sie an der Marke am meisten schätzen und was sie von anderen abhebt.

Der zweite Schritt besteht darin, externe Bedrohungen und Chancen zu identifizieren. Das STEEL-Modell (Social, Technological, Economic, Environmental and Legal) ist eine Abwandlung des PEST-Modells (Political, Economic, Social and Technological), das in den 1960er-Jahren vom Unternehmensstrategen Francis Aguilar entwickelt wurde, um Organisationen dabei zu unterstützen, externe Faktoren zu berücksichtigen, die den zukünftigen Erfolg fördern oder behindern könnten.

BEDROHUNGEN UND CHANCEN ERKENNEN

SOZIAL

TECHNOLOGISCH

ÖKONOMISCH

UMWELTTECHNISCH

RECHTLICH

SOZIAL

Zu den sozialen Faktoren zählen Veränderungen im demografischen Profil der Bevölkerung, die sich auf die Wirtschaft auswirken könnten. Eine alternde Bevölkerung ist etwa eine gute Nachricht für Anbieter im Gesundheitswesen. Auch Trends in den gesellschaftlichen Einstellungen und Prioritäten spielen eine wichtige Rolle. Ein wachsendes Umweltbewusstsein führt z. B. zu einer steigenden Nachfrage nach Produkten und Dienstleistungen, die der Umwelt keinen Schaden zufügen.

TECHNOLOGISCH

Neue Technologien bergen oft sowohl Risiken als auch Chancen. Sie können zu schnelleren, einfacheren oder besseren Alternativen führen; daher müssen Marken relevante aufkommende Technologien im Auge behalten und genau beobachten, womit die Konkurrenz experimentiert.

ÖKONOMISCH

Auch die wirtschaftliche Lage kann sich auf den Erfolg einer Marke auswirken. In wirtschaftlich schwierigen Zeiten haben Luxussegmente und -marken tendenziell zu kämpfen, während Konsumgüter davon unberührt bleiben und preisgünstige Marken meist florieren.

UMWELTTECHNISCH

Veränderungen der Umweltbedingungen wirken sich auf die Verfügbarkeit und die Kosten von Rohstoffen aus, was wiederum Auswirkungen auf die Markenleistung hat. So können etwa Klimaveränderungen die Ernteerträge und die Kosten für Zutaten in Lebensmitteln beeinflussen, was sich wiederum auf Preise, Umsatz und Gewinnmargen auswirken könnte.

RECHTLICH

Gesetzliche Änderungen können sich unmittelbar auf die Handlungsmöglichkeiten und die finanzielle Lage einer Marke auswirken. Im Jahr 2018 führte die britische Regierung eine Steuer auf zuckerhaltige Erfrischungsgetränke ein. Dies führte zu neuen Preis- und Vertriebsstrategien für Produkte mit hohem Zuckergehalt und zuckerfreie Produkte, was sich auf die Gewinne der betroffenen Hersteller auswirkte.

Der letzte Schritt der strategischen Entwicklung besteht darin, eine wirksame Wachstumsstrategie zu finden. Eine gute Methode, um Ideen anzuregen, ist es, die Stärken, Schwächen, Chancen und Risiken aus den Schritten eins und zwei mithilfe des »SWOT/TOWS«-Modells (Strengths, Weaknesses, Opportunities and Threats) miteinander zu verknüpfen.

SWOT/TOWS-MATRIX

	UNSERE STÄRKEN: 1. 2. 3. 4.	UNSERE SCHWÄCHEN: 1. 2. 3. 4.
CHANCEN aus externen Veränderungen: 1. 2. 3. 4.	Um diese Chancen zu nutzen, werden wir unsere Stärken wie folgt einsetzen:	Um diese Chancen zu nutzen, werden wir unsere Schwächen wie folgt behandeln:
BEDROHUNGEN aus externen Veränderungen: 1. 2. 3. 4.	Um diese Bedrohungen zu reduzieren, werden wir unsere Stärken wie folgt einsetzen:	Um diese Bedrohungen zu reduzieren, werden wir unsere Schwächen wie folgt behandeln:

Diese Analyse richtet den Fokus auf das Wesentliche, aber auch auf zukünftige Entwicklungen. Eine erfolgreiche Strategie erfordert letztlich sorgfältige Überlegungen und Kreativität. Die Qualität der Strategie beeinflusst die Rentabilität aller nachfolgenden Marketingmaßnahmen; daher lohnt es sich, diesem Prozess ausreichend Zeit und die richtigen Mitarbeiter zu widmen.

9.3 MARKETING-PLANUNG

Sobald die Markenstrategie feststeht und die dazugehörige »Marken-PIÑATA« erstellt wurde (siehe Abschnitt 2.3), besteht der nächste Schritt darin, einen Marketingplan zu erstellen. Obwohl Marketingbudgets und -pläne laufend an veränderte Umstände angepasst werden, erstellen die meisten Unternehmen einmal jährlich im Rahmen des Geschäftsplanungszyklus einen Standardplan.

Der Plan spezifiziert die Marketingaufgaben, die in den nächsten 12 Monaten zu erledigen sind, die Maßnahmen zur Umsetzung der einzelnen Aufgaben, die damit verbundenen Kosten sowie die erwarteten Ergebnisse.

MARKETING-JAHRESPLAN - ZUSAMMENFASSUNG

MARKETING-JOBS ZU ERLEDIGEN	ZIELE	MARKETING-AKTIVITÄTEN	KOSTEN
z. B. neue Abonnenten durch Promotion eines neuen Geräts werben	Abonnentenbasis um 20 % zum Vorjahr erhöhen	Zeitschriftenwerbung Februar bis Juli. Erste drei Monate kostenlos für neue Abonnenten von Mai bis September. Angebot via Zeitschriften und Social Media	€ XXX € XXX
z. B. vorhandene Abonnenten zum Upgrade auf einen neuen Service überreden	40 % mehr Abonnenten bis Jahresende	E-Mails vierteljährlich an Abonnenten, um Premium-Vorteile vorzustellen Ganzjährige Werbung im Nutzerportal	€ XXX € XXX

ZU ERLEDIGENDE MARKETING-JOBS

Diese sollten dahingehend definiert werden, wie das Verbraucherverhalten beeinflusst werden soll. Alle Marketingmaßnahmen sollten mit Blick auf eine kurz- oder langfristige Verhaltensänderung konzipiert werden.

ZIELE

Die Ziele sollten in Form von Verbraucherergebnissen und, soweit möglich, in Form der finanziellen Auswirkungen formuliert werden.

MARKETING-AKTIVITÄTEN

Dies sind die Maßnahmen, mit denen die Verbraucher im kommenden Jahr konfrontiert sein werden und die den gesamten Marketing-Mix abdecken. Dazu können Produkteinführungen und die damit verbundene Unterstützung, Preisänderungen, Werbeaktionen und neue Vertriebskanäle gehören. Da das Marketingbudget oft zu den ersten Posten gehört, die gekürzt werden, wenn sich die finanzielle Lage eines Unternehmens verschlechtert (siehe Abschnitt 1.5), sollten Marketer Notfallpläne erstellen, in denen sie festlegen, welche Maßnahmen sie im Bedarfsfall streichen und welche sie beibehalten werden.

KOSTEN

Darin sollten alle mit den einzelnen Aktivitäten verbundenen Kosten enthalten sein, einschließlich der Kosten für deren Entwicklung und Durchführung.

9.4 BUDGET FESTLEGEN

Wie bei jeder freiwilligen Investition, für die sich ein Unternehmen entscheiden könnte, muss es auch für Marketingausgaben eine fundierte wirtschaftliche Begründung geben. Da allen Unternehmen nur begrenzte finanzielle Mittel zur Verfügung stehen, hängt die richtige Zuweisung von Mitteln für das Marketing davon ab, wie sich die erwartete Kapitalrendite im Vergleich zu anderen Unternehmensbereichen wie z. B. Mitarbeiterschulungen oder IT darstellt.

Die Ermittlung der Rendite von Marketinginvestitionen kann schwierig sein, ist jedoch unerlässlich, um den wirtschaftlichen Wert des Marketings aufzuzeigen und dessen Budget zu rechtfertigen. Manchen Marketingfachleuten fällt es schwer, Prognosen zu erstellen, da es so viele Unbekannte gibt, doch Unternehmen sind es gewohnt, Entscheidungen trotz Unsicherheiten zu treffen. Die meisten Finanzvorstände akzeptieren gerne Annahmen, sofern diese durch eine logische Begründung gestützt werden.

Hier ein Beispiel für eine Berechnung, die dem Marketing dabei hilft, mögliche Investitionen zu prüfen und die Wirtschaftlichkeit von Marketingausgaben zu belegen.

SCHÄTZUNG DER MARKETINGRENDITE

	Q1	Q2	Q3	Q4	Q1	Q2	Q3	Q4	ANNAHMEN
ZUSÄTZLICHE KUNDEN	2,000	1,760	1,550	1,360	1,200	1,050	930	720	Aktivität in Q1 sollte 20K mögliche Kunden generieren 10 % davon sollten zu Kunden werden Durchschnittliche Kundenbindung bei 60 % über 12 Monate
EINKÄUFE PRO KUNDE	3	3	3	3	3	3	3	3	Vorhandene Kunden kaufen 32 Mal pro Quartal
PROFIT PRO EINKAUF (€)	20	20	20	20	20	20	20	20	Aktueller Verkaufspreis ist 42 € bei 50 % Gewinnmarge
ZUSÄTZLICH GENERIERTER PROFIT (€)	120K	106K	93K	82K	72K	63K	56K	43K	

ÜBER DIE ERSTEN DREI MONATE

Zusätzlicher Profit	€ 120K
Kosten für Aktivität	€ 106K
Rendite	1,1

ÜBER 2 JAHRE

Zusätzlicher Profit	€ 635K
Kosten für Aktivität	€ 107K
Rendite	5,9

Beachten Sie, dass die kurzfristige Rendite gering ist. Dies ist bei Marketingmaßnahmen häufig der Fall, insbesondere in Branchen mit langen Kaufzyklen wie der Automobil- oder der Hausgerätebranche. Die langfristigen Auswirkungen können jedoch erheblich sein und die Ausgaben leicht rechtfertigen; daher ist es wichtig, sowohl die kurz- als auch die langfristigen Vorteile des Marketings abzuschätzen. Der Einfluss des Marketings auf den Preis, den eine Marke verlangen kann, hat enorme Auswirkungen auf den Unternehmensgewinn, weshalb dies bei allen Schätzungen stets berücksichtigt werden sollte.

Wie in Abschnitt 7.1 erwähnt, kann ein Unternehmen mit durchschnittlicher Wirtschaftlichkeit laut *Harvard Business Review* aus dem Jahr 1992 seinen Betriebsgewinn um 11 % steigern, wenn es seine Preise um 1 % erhöht, vorausgesetzt, es kommt zu keinem Absatzrückgang.

In Märkten, in denen mehrere Marken stark in Marketing investieren, kann ein Mindestausgabenniveau erforderlich sein, um die Position der Marke allein schon zu halten. Wenn das Ziel darin besteht, die Marke auszubauen, muss das Ausgabenniveau im Vergleich zur Größe der Marke unter Umständen unverhältnismäßig hoch sein. Die nachstehende Tabelle zeigt, wie sich das Ausgabenniveau in der Regel auf die Wachstumschancen einer Marke auswirkt.

AUSGABENANTEIL VS. MARKTANTEIL

	GERINGER AUSGABENANTEIL VS. MARKTANTEIL	HOHER AUSGABENANTEIL VS. MARKTANTEIL
HÖHERER ANTEIL AN AUSGABEN ALS VORHER	WACHSTUM MÖGLICH	WACHSTUM WAHRSCHEINLICH
GERINGERER ANTEIL AN AUSGABEN ALS VORHER	RÜCKGANG WAHRSCHEINLICH	GERINGERES WACHSTUM WAHRSCHEINLICH

Eine weitere wichtige Variable ist die Marketingqualität. Wenn die Strategie der Marke effektiv ist und die Marketinginhalte überzeugend sind, kann die Marke auch mit deutlich geringeren Ausgaben Wachstum erzielen.

9.5 MARKEN-PORTFOLIOS

Mit einem Markenportfolio kann ein Unternehmen höhere Umsätze erzielen und gleichzeitig von Skaleneffekten wie einer größeren Kaufkraft oder geringeren Innovationskosten profitieren. Das ideale Portfolio maximiert die Anzahl der Menschen und Bedürfnisse, auf die das Unternehmen eingeht, und minimiert gleichzeitig den Wettbewerb zwischen seinen Marken, auch bekannt als Kannibalisierung.

Wenn eine neue Kategorie entsteht, etablieren sich in der Regel ein oder zwei Marken und prägen den Mainstream dieser Kategorie. Später hinzukommende Anbieter müssen einen Kaufgrund liefern, indem sie entweder eine Premium- oder eine preisgünstige Alternative anbieten oder sich als die Besten in einem Bereich positionieren, den manche Menschen besonders schätzen.

EIN MARKEN-PORTFOLIO POSITIONIEREN

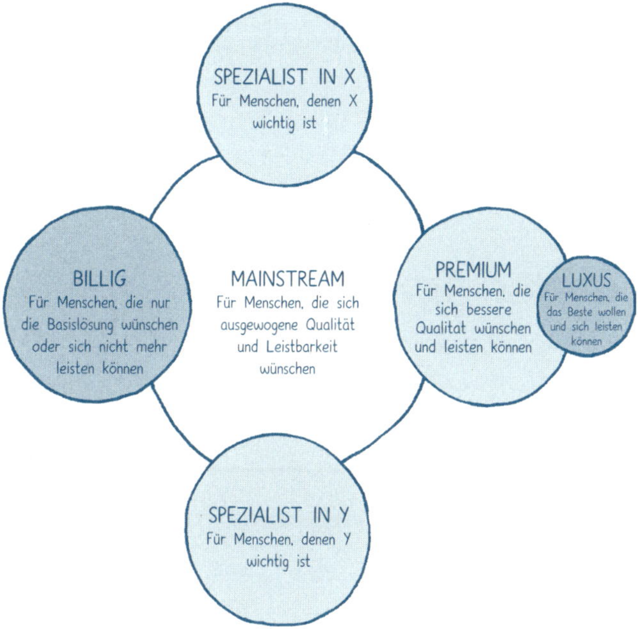

In ausgereiften Marktsegmenten umfasst das ideale Portfolio eine starke Marke in jedem Segment. Der Automobilriese Volkswagen verfügt beispielsweise über erfolgreiche Marken in den Segmenten Budget, Mainstream, Premium und Luxus, nämlich Skoda, VW, Audi und Porsche. Diese »House of Brands«-Strategie ermöglicht es dem Unternehmen, Marken zu entwickeln, die unterschiedliche Verbrauchertypen ansprechen, und Gewinne in jene Marken zu investieren, die aufgrund ihrer Attraktivität für die Verbraucher oder des Wachstums ihres Segments das größte Wachstumspotenzial aufweisen.

Die Alternative ist eine »Branded House«-Strategie, bei der verschiedene Teilmarken unter dem Dach einer gemeinsamen »Dachmarke« positioniert werden, um in den jeweiligen Marktsegmenten zu konkurrieren. Der Marktführer im Bereich Mundpflege, Colgate, verfolgt diesen Ansatz. Das Unternehmen verkauft eine Reihe von Produkten, die jeweils auf einen bestimmten Bedarf zugeschnitten sind, z. B. Colgate Regular, Colgate Max White und Colgate Sensitive. Dies ermöglicht es dem Unternehmen, durch all seine Marketingmaßnahmen Bekanntheit, Glaubwürdigkeit und Attraktivität für die Hauptmarke aufzubauen. Die Marke Dove ist ein gutes Beispiel dafür, wie die Entwicklung einer Hauptmarke, die von den Verbrauchern respektiert und bewundert wird, zum Erfolg des gesamten Sortiments beiträgt.

Markenportfolios ermöglichen es Unternehmen, ihren Gewinn zu maximieren, indem sie einen größeren Teil ihres Budgets den Marken oder Untermarken mit dem größten Wachstumspotenzial zuweisen. 1970 führte die Boston Consulting Group ein Rahmenkonzept ein, das Unternehmen dabei helfen sollte, strategisch über Portfolioinvestitionen nachzudenken.

BOSTON BRAND PORTFOLIO MATRIX

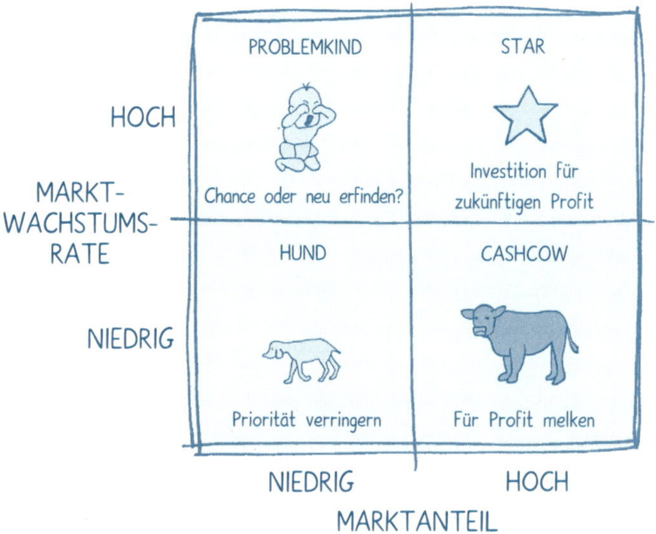

Der Gewinn, den jede Marke heute und in Zukunft erwirtschaftet, kann enorm variieren. Eine große, etablierte Marke mag derzeit zwar gute Gewinne abwerfen, doch wenn der Markt, in dem sie tätig ist, schrumpft, wird der Gewinn mit der Zeit schwinden. Die von diesen »Cash Cows« erwirtschafteten Gewinne sollten in Marken mit größerem langfristigem Potenzial investiert werden wie beispielsweise die »Stars« – Marken, die in einem wachsenden Markt gut positioniert sind –, damit diese vielversprechenden Marken weiterhin florieren können. Alternativ könnte das Geld in »Problemkinder«-Marken investiert werden, um dem Unternehmen zu helfen, besser vom Wachstum ihres Marktes zu profitieren. Die Boston-Matrix hilft auch dabei, »Hunde« zu identifizieren, d. h. Marken, die keine Investitionen erhalten sollten, da sie im Wettbewerb mit Konkurrenten zu kämpfen haben und sich in Märkten befinden, die wahrscheinlich nicht wachsen werden.

TEIL ZEHN

MARKE ERWEITERN

10.1 AUF NEUE KATEGORIEN AUSDEHNEN

Der Aufbau einer Marke in einer Kategorie kann ihr einen erheblichen Vorteil verschaffen, wenn sie beschließt, in andere Kategorien zu expandieren. Marken mit einem Leitbild, das auch außerhalb ihrer ursprünglichen Kategorie relevant ist – wie beispielsweise Doves Überzeugung, über traditionelle Definitionen weiblicher Schönheit hinauszugehen –, sind gut aufgestellt, um zu expandieren und von »Halo-Effekten« zu profitieren, durch die das Marketing in einer Kategorie den Absatz in allen Kategorien fördert. Der Erfolg in einer neuen Kategorie hängt von drei Faktoren ab.

ERFOLGREICHE MARKENERWEITERUNG

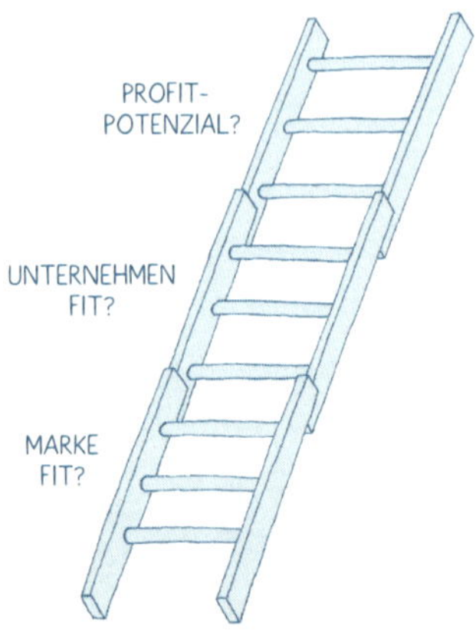

MARKE FIT

Marken haben einen Vorsprung, wenn die von ihnen aufgebauten Assoziationen für die neue Kategorie relevant sind. Die britische Fast-Food-Kette Leon hat beispielsweise ihren unverwechselbaren visuellen Stil und die Assoziation mit gesunder mediterraner Küche genutzt, um eine erfolgreiche Produktreihe aus Kochbüchern, Kochgeschirr und Geschirr auf den Markt zu bringen. Passen die Assoziationen der Marke hingegen schlecht, sind die Erfolgsaussichten gering. Die Zahnpflegemarke Colgate brachte 1982 eine Reihe von Tiefkühlgerichten auf den Markt, die sich jedoch nicht gut verkauften und bald wieder aus dem Sortiment genommen wurden.

UNTERNEHMEN FIT

Eine Marke kann nur dann erfolgreich expandieren, wenn das Unternehmen über die Fähigkeiten und Ressourcen verfügt, um in der neuen Kategorie ein qualitativ hochwertiges Produkt anzubieten. Die Rentabilität einer Kategorie hängt davon ab, wie viel Zeit und Geld in den Aufbau neuer Kompetenzen oder in Partnerschaften mit anderen Unternehmen investiert werden muss.

PROFIT-POTENZIAL

Das von dem Ökonomen Michael Porter in den 1970er-Jahren entwickelte »Fünf-Kräfte-Modell« hilft Unternehmen dabei, verschiedene Märkte hinsichtlich ihres Gewinnpotenzials zu bewerten.

PORTERS FÜNF KRÄFTE

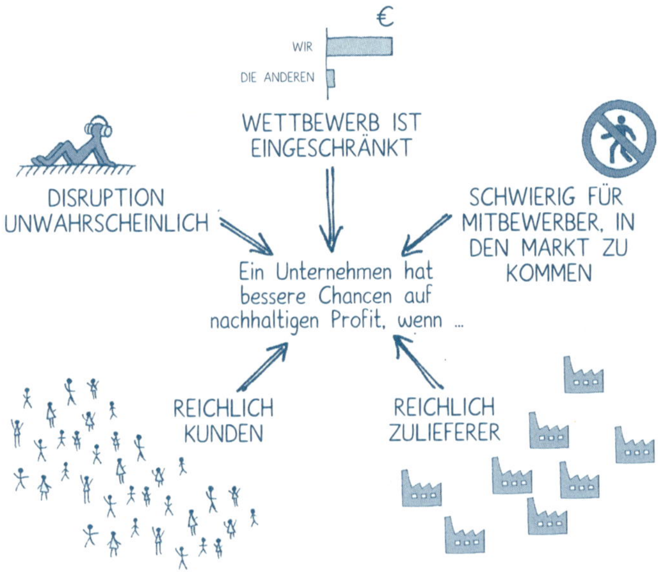

Ein Markt ist attraktiv, wenn der Wettbewerb schwach ist, d. h. wenn nicht viele große Unternehmen in diesem Markt tätig sind. Er birgt sogar noch größeres Potenzial, wenn es unwahrscheinlich ist, dass Wettbewerber disruptive Veränderungen herbeiführen können (beispielsweise durch den Einsatz neuer Technologien). Unternehmen profitieren zudem davon, wenn sie in Forschung und Entwicklung oder in den Aufbau eines flächendeckenden Vertriebsnetzes investiert haben, wodurch es für die meisten Marktneulinge zu kostspielig wird, ein vergleichbares Produkt anzubieten.

Das Gewinnpotenzial eines Marktes hängt auch von der Anzahl potenzieller Kunden ab, die dieser Produktkategorie einen hohen Stellenwert beimessen und sich nicht einfach für die billigsten Marken entscheiden. Die Gewinne sind zudem höher, wenn eine große Auswahl an Anbietern besteht und somit wettbewerbsfähige Preise für wichtige Materialien usw. erzielt werden können.

10.2 MARKE LIZENZIEREN

Wenn eine Marke weithin bekannt und beliebt geworden ist, kann sie anderen Unternehmen Lizenzen zur Entwicklung und zum Verkauf von Produkten unter diesem Markennamen gegen Lizenzgebühren erteilen. Durch die Markenlizenzierung kann der Markeninhaber Gewinne aus anderen Produktbereichen erzielen, ohne Zeit und Geld in den Aufbau neuer Kompetenzen investieren zu müssen, und der Lizenznehmer erhält die Möglichkeit, seine Produkte für Kunden attraktiver zu gestalten. Disney war eines der ersten Unternehmen, das seine Vermögenswerte an andere Unternehmen lizenzierte, und steigert seine Gewinne weiterhin, indem es Dritten erlaubt, eine breite Palette von Produkten unter seinen Marken herzustellen.

In der Lizenzvereinbarung sind die Pflichten jeder Partei sowie die Regeln festgelegt, an die sich jede Partei halten muss.

LIZENZVERTRAG FÜR MARKEN

Der Markeninhaber legt fest, wie die Marke durch Logos, Farben und Gestaltungsrichtlinien dargestellt werden soll, wo sie verkauft werden darf, wie sie preislich positioniert werden soll und welche Arten von Preisaktionen zulässig sind. Der Vertrag regelt zudem das Genehmigungsverfahren für neue Produkte und Kommunikationsmaßnahmen.

Bei der Einführung eines Lizenzprogramms sollten Markeninhaber ihre Partner sorgfältig auswählen und zuverlässige Verfahren einrichten, um die Nutzung der Marke durch die Lizenznehmer zu genehmigen und die Qualität der von ihnen gelieferten Produkte zu überprüfen. Ohne angemessene Kontrollen könnten die Identität und der Ruf einer Marke schnell Schaden nehmen.

Die Regeln für die Markenkommunikation richten sich nach den Vertragsbedingungen. In der Regel ist es dem Lizenznehmer gestattet, Kommunikationsmaßnahmen zur Förderung seines Produkts zu entwickeln, wobei er sich an die Richtlinien des Markeninhabers halten und dessen Genehmigung einholen muss. Alternativ kann der Markeninhaber beschließen, die vollständige Kontrolle über die gesamte Markenkommunikation zu behalten.

10.3 SKALIERUNG AUF NEUE REGIONEN

Den Erfolg einer Marke international zu wiederholen, kann eine hervorragende Möglichkeit sein, ihre Gewinne zu steigern. Da sich Kulturen und Bräuche weltweit jedoch unterscheiden, ist der Erfolg einer Marke in einem Land keine Garantie für den Erfolg in anderen Ländern. Lokale Marken können ihre Produkte und ihre Kommunikation auf die spezifische Mentalität und die Prioritäten der Menschen vor Ort zuschneiden, doch internationale Marken können ebenso überzeugend sein, wenn sie einen Markenzweck verfolgen, der sich auf ein grundlegendes menschliches Bedürfnis bezieht, das weltweit relevant ist. Die folgende Abbildung zeigt einige Beispiele dafür.

FUNDAMENTALE MENSCHLICHE BEDÜRFNISSE

Internationale Marken können zudem von Skaleneffekten in den Bereichen Produktion, Marketing und Innovation profitieren, wodurch ihre Produkte preislich wettbewerbsfähiger und rentabler werden. Um diese Effizienzgewinne zu realisieren, benötigen internationale Marken Konzepte, die sicherstellen, dass die Markenpositionierung in allen Ländern so einheitlich wie möglich bleibt, damit neue Produkte und Marketingmaßnahmen gemeinsam genutzt werden können. Aus organisatorischer Sicht kann sich ein Hub-and-Spoke-Modell bewähren, wie hier dargestellt.

ZENTRALE VS. LOKALE MARKETING-VERANTWORTUNG

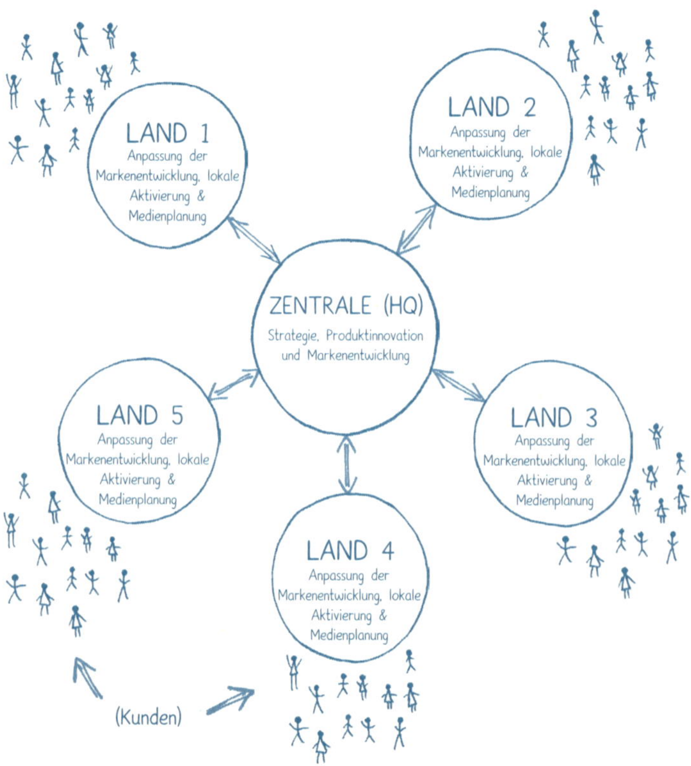

Die zentrale Marketingfunktion entwickelt die globale Markenstrategie und -positionierung, leitet die Produktinnovation und erstellt Inhalte zur Markenentwicklung, die sich alle an den Rückmeldungen zu den Bedürfnissen und Präferenzen der Verbraucher in den einzelnen Ländern orientieren. Lokale Teams entscheiden, welche Innovationen eingeführt werden sollen, wählen aus den zentral erstellten Inhalten zur Markenentwicklung aus oder passen diese an und entwickeln ihre eigenen Aktivierungsinhalte und Medienpläne. Dieser Ansatz sorgt für hohe Effizienz und bietet den lokalen Teams gleichzeitig genügend Flexibilität, um den Marketing-Mix an die jeweilige Kultur, den Marktkontext und das Medienumfeld anzupassen. Eine gängige Variante dieses Modells sieht mehrere federführende Länder vor, die Innovationen und Markenentwicklungen für ihr eigenes Land sowie für andere Länder mit ähnlichen Bedürfnissen entwickeln. Das bedeutet, dass die Entwicklung von Teams geleitet wird, die näher am Endverbraucher sind. Dies funktioniert gut, wenn sich die Länder in klare Gruppen einteilen lassen – die mit der Geografie zusammenhängen können, aber nicht müssen –, wobei jede Gruppe ihre eigenen spezifischen Bedürfnisse hat.

Unabhängig von der Unternehmensstruktur werden internationale Marken erfolgreicher sein, wenn sie über Systeme verfügen, über die die einzelnen Länder Ideen für lokale Marketingmaßnahmen und Medienpläne austauschen können, die sich als besonders wirksam erwiesen haben, damit diese an anderen Standorten übernommen werden können.

10.4 INTERNATIONALE VS. LOKALE KOMMUNIKATION

Die Entwicklung einer einheitlichen Kommunikationsstrategie für mehrere Länder bietet zwar klare Kostenvorteile, ist jedoch nicht immer möglich. Wenn eine Marke im Laufe der Zeit durch die Markteinführung in weiteren Ländern unter Beibehaltung des gleichen Markennamens, des gleichen Wertversprechens und des gleichen Sortiments gewachsen ist, dürfte eine internationale Kommunikationsstrategie wirksam sein. Wenn die Expansion hingegen durch die Übernahme lokaler Marken und deren schrittweise Umstellung auf die globale Marke erfolgte, ist eine internationale Kommunikationsstrategie möglicherweise nicht geeignet – insbesondere in der Anfangsphase des Übergangs.

Marken, die sich am besten für die internationale Kommunikation eignen, haben vier Dinge gemeinsam: Zweck, Nutzung, Markenstatus und Marketingherausforderung.

MARKEN, DIE ZU INTERNATIONALER KOMMUNIKATION PASSEN

FÜR ETWAS STEHEN, DAS MENSCHEN ÜBERALL WICHTIG IST

AUF ÄHNLICHE WEISE AUS ÄHNLICHEN GRÜNDEN VERWENDET

VERGLEICHBARER STATUS UND GLAUBWÜRDIGKEIT VS. KONKURRENZ

ÄHNLICHE MARKETING-HERAUSFORDERUNGEN, UM WACHSTUM ZU ERZIELEN

ZWECK

Der Markenzweck und die Kundenkenntnisse, auf denen die Kommunikation der Marke basiert (siehe Abschnitt 2.3), müssen bei den Zielkunden in allen Regionen Anklang finden.

VERWENDUNG

Es ist von Vorteil, wenn die Produkte der Marke überall auf ähnliche Weise genutzt werden. Wenn die Produktkategorie unterschiedlich genutzt wird, kommen Kommunikationsmaßnahmen, die die Marke in der Anwendung zeigen, nicht gut an.

MARKENSTATUS

Wenn eine Marke in einem Land hoch angesehen ist, es ihr in einem anderen jedoch an Glaubwürdigkeit mangelt, wird dieselbe Kommunikation dort wahrscheinlich nicht gut ankommen. Ist eine Marke unbekannt, muss sie den Menschen Gründe liefern, ihr zu vertrauen und sie in Betracht zu ziehen; ist sie hingegen bereits angesehen, muss sie die Menschen an ihre Stärken erinnern und ihnen ein gutes Gefühl geben, sich für sie zu entscheiden.

MARKETING-CHALLENGE

Die Rolle der Kommunikation kann von Land zu Land variieren, da es Unterschiede hinsichtlich des Ortes, des Zeitpunkts und der Gründe für den Kauf dieser Produktkategorie, der Preisgestaltung sowie der Wettbewerbslandschaft gibt. Je ähnlicher die marketingbezogenen Herausforderungen sind, desto wahrscheinlicher ist es, dass internationale Werbung Wirkung zeigt.

Wenn ein internationaler Ansatz sinnvoll ist, können Marken ihre Wirksamkeit maximieren, indem sie eine Kommunikationsidee finden, die universelle Relevanz und Anziehungskraft besitzt.

WERBUNG, DIE INTERNATIONAL FUNKTIONIERT

MENSCHLICHE WAHRHEIT

So wie Marken, die auf grundlegenden menschlichen Bedürfnissen basieren, für den internationalen Erfolg prädestiniert sind (siehe Abschnitt 9.3), eignet sich auch eine entsprechende Kommunikation für internationale Marken. Zu den vielversprechenden Themen zählen die Sehnsucht nach Abenteuern, die Verbundenheit mit anderen, sexuelle Anziehung, Elternliebe, die Suche nach Seelenverwandtschaft, der Wunsch nach einem erfüllten Lebensabend und der Wunsch, ein Vermächtnis zu hinterlassen.

GLOBALE REFERENZEN

Kommunikation kommt gut an, wenn sie kulturelle Phänomene mit globaler Anziehungskraft nutzt wie beispielsweise große Sportveranstaltungen, Popmusik, Kinohits, wissenschaftliche Entdeckungen und weltweite Internet-Sensationen.

NACHVOLLZIEHBARE UMGEBUNG

Charaktere, Schauplätze und Szenarien müssen sorgfältig ausgewählt werden, damit sie wiedererkennbar sind und kulturübergreifend ähnliche Assoziationen wecken. Eine Lösung ist es, reale Besonderheiten zu vermeiden, indem man fiktive Umgebungen und nichtmenschliche Charaktere schafft, die nicht an einen bestimmten kulturellen Kontext gebunden sind.

ÄHNLICHE MARKENHISTORIE

Manche Werbemaßnahmen setzen voraus, dass der Verbraucher mit früheren Werbemaßnahmen der Marke vertraut ist, beispielsweise bei einem Running Gag. In diesem Fall sind die Werbemaßnahmen in Ländern, in denen die Marke neu ist, nicht so wirkungsvoll.

BESONDERER STIL

Kommunikation muss auffallen, um wirkungsvoll zu sein. Damit eine Kampagne also auch anderswo gut ankommt, braucht sie einen Stil, der sie unabhängig von den lokalen Gepflogenheiten von anderen abhebt.

10.5 KERNKOMPETENZEN NUTZEN

Wenn eine Marke in neue Produktkategorien und Länder expandiert, muss das Unternehmen entscheiden, wie es seine Wachstumschancen nutzen möchte.

Es könnte sich dafür entscheiden, alles intern zu regeln, neue Kompetenzen aufzubauen, Beziehungen zu neuen Lieferanten zu knüpfen und sich mit neuen Gesetzen und Vorschriften vertraut zu machen, doch dieser Ansatz ist in der Regel sehr langsam und mit hohen Risiken verbunden. Die erfolgreichsten Unternehmen konzentrieren sich auf das, was sie am besten können, und gehen Partnerschaften mit anderen Unternehmen ein, die über Fachwissen in komplementären Bereichen verfügen. Apple beispielsweise konzentriert sich auf die Entwicklung seiner Kernprodukte, darunter PCs, Smartphones, Musik-Streaming und App-Dienste. Anschließend vergibt das Unternehmen Lizenzen für seine Marke an externe Hersteller, die eine breite Palette an Zubehör entwickeln und verkaufen.

Der Schlüssel zum Outsourcing liegt darin, die Kernkompetenzen des Unternehmens zu ermitteln, d. h. jene Geschäftsbereiche, in denen es mit anderen Unternehmen gleichzieht oder diese übertrifft. Diese Bereiche sollte es im eigenen Haus behalten und dafür sorgen, das seine Überlegenheit gewahrt bleibt.

KERNKOMPETENZEN

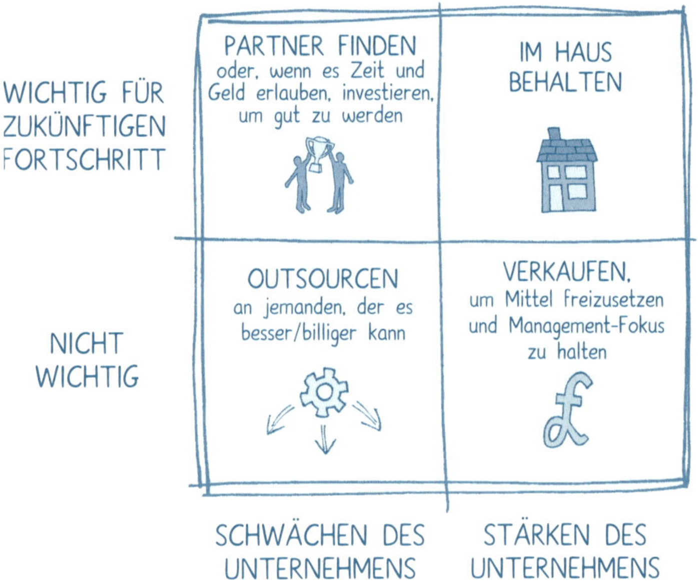

In allen anderen Bereichen sind möglicherweise andere Optionen besser geeignet. Wenn beispielsweise ein Bereich für das Unternehmen wichtig ist, es ihm aber an Kompetenz in diesem Bereich mangelt, sind geeignete Partnerschaften erforderlich. Gibt es Bereiche, in denen das Unternehmen stark ist, die aber für den zukünftigen Erfolg irrelevant sind, sollte die Strategie darin bestehen, das Wertvolle zu verkaufen und das Geld in strategisch wichtigere Bereiche zu reinvestieren. Bereiche, in denen das Unternehmen schwach und nicht strategisch wichtig ist, sollten an externe Anbieter ausgelagert werden, die besser in der Lage sind, das Erforderliche zu geringstmöglichen Kosten zu liefern.

In allen anderen Bereichen sind möglicherweise andere Optionen besser geeignet. Wenn beispielsweise ein Bereich für das Unternehmen wichtig ist, es ihm aber an Kompetenz in diesem Bereich mangelt, sind geeignete Partnerschaften erforderlich. Gibt es Bereiche, in denen das Unternehmen stark ist, die aber für den zukünftigen Erfolg irrelevant sind, sollte die Strategie darin bestehen, das Wertvolle zu verkaufen und das Geld in strategisch wichtigere Bereiche zu reinvestieren. Bereiche, in denen das Unternehmen schwach und nicht strategisch wichtig ist, sollten an externe Anbieter ausgelagert werden, die besser in der Lage sind, das Erforderliche zu geringstmöglichen Kosten zu liefern.

Die wichtigste Erkenntnis aus diesem Abschnitt – und eigentlich aus einem Großteil dieses Buches – sollte sein, dass ein Unternehmen und seine Marken als voneinander abhängig betrachtet werden müssen. Erfolgreiche Unternehmen haben eine Vision davon, was Verbraucher schätzen, wie viel sie dafür zu zahlen bereit sind und wie viel Gewinn sich daraus erzielen lässt. Marken sind lediglich der Mechanismus, durch den die Vision des Unternehmens für Verbraucher attraktiv gemacht wird. Jedes Unternehmen, das einen echten Verbraucherbedarf erkannt hat und in einer einzigartigen Position ist, diesen zu bedienen, hat die Chance, einen soliden Gewinn zu erzielen – doch nur ein kluger Vermarkter verfügt über das Know-how, diese Chance in die Realität umzusetzen.

DER AUTOR

DAN WHITE ist ein Vorreiter in Marketing und Marktforschung. Zu seinen Verdiensten um die Branche zählen die Ermittlung der Faktoren, die globale Werbung wirksam machen, die eingehende Untersuchung des Potenzials von viralem Marketing, Suchmaschinenmarketing und »Deep Marketing« sowie sein Einsatz für innovative Methoden zur Marketingmessung.

Seine Konzepte und Visualisierungen haben Generationen von Marketingfachleuten beeinflusst und sind in die weltweit führenden Systeme zur Markenmessung, Medienbewertung und Werbetestung integriert.

Dans berufliche Laufbahn umfasst ein Jahrzehnt als Marketinganalyst, ein weiteres als Marken- und Kommunikationsberater und ein drittes als Chief Marketing Officer. Diese einzigartige Kombination aus Fachwissen stellt sicher, dass jeder Ratschlag in diesem Buch auf fundierten Erkenntnissen und einem reichen Schatz an praktischer Erfahrung basiert.

Kevin Duncan

Das Buch der Ideen

50 Wege, um Ideen effizient zu produzieren

144 Seiten, Hardcover,
Euro (D) 17.90 | Euro (A) 18.50 | CHF 25.00
ISBN 978-3-03876-556-1 (Midas Management)

Ideen zu haben war schon immer der treibende Faktor im Geschäftsleben. Oft reicht eine einzige gute Idee, um einen grossen Schritt nach vorne zu kommen. Aber wie sorge ich dafür, dass immer wieder Nachschub an Ideen fliesst? »Das Buch der Ideen« kann hier helfen. In diesem kleinen, aber umfassenden Buch werden die 50 nützlichsten Techniken vorgestellt und erklärt, die auch von Unternehmensberatern, Wissenschaftlern, MBA-Absolventen und Managern auf der ganzen Welt verwendet werden, um das Denken anzuregen und Ideen zu generieren.

Sally Bibb

Das Buch der Stärken

Erfolg und Sinn in Beruf und Privatleben

160 Seiten, Hardcover
Euro (D) 17.90 | Euro (A) 18.50 | CHF 25.00
ISBN 978-3-03876-527-1 (Midas Management)

Es liegt leider in der menschlichen Natur, dass wir uns eher mit unseren Schwächen als mit unseren Stärken beschäftigen, denn die Natur hat uns darauf programmiert, besonders auf Risiken und Gefahren in unserem Umfeld zu achten. Wir konzentrieren uns deshalb auf das, was nicht funktioniert, und übersehen dabei all das, was eigentlich ganz rund läuft. Was aber würde geschehen, wenn wir uns stattdessen auf unsere Stärken fokussieren? Dieses praktische und prägnante Buch wird Ihr Leben massiv verbessern, denn es hilft Ihnen dabei, Ihren inneren Kompass neu auszurichten. Wenn Sie nämlich wissen, was Ihnen wirklich wichtig ist, was Ihrer Persönlichkeit entspricht und was Sie glücklich macht, treffen Sie automatisch bessere Entscheidungen und haben mehr Zeit für das Wichtige im Leben.

Nicole Soames

Das Buch des Verhandelns

In 33 Schritten zum Verhandlungsprofi

160 Seiten, Hardcover,
Euro (D) 17.90 | Euro (A) 18.50 | CHF 25.00
ISBN 978-3-03876-519-6 (Midas Management)

Dieses Buch hilft Ihnen, Ihre emotionale Intelligenz so zu entwickeln, dass Sie in allen Lebensbereichen gut verhandeln können – sei es mit Kunden, Kollegen, der Familie oder Freunden. Hier werden Sie mit allen Mitteln und Techniken ausgestattet, um die Verhandlungstheorie in die Praxis umzusetzen. Lernen Sie, wie Sie eine gewinnende Ausstrahlung entwickeln, sich erfolgreich auf eine Verhandlung vorbereiten, unterschiedliche Verhandlungssituationen erkennen und darauf reagieren, das Gespräch führen und verstehen, wie Sie die Verhandlung zu einem erfolgreichen Abschluss bringen. »Das Buch des Verhandelns« ist ein inspirierendes und spannendes Handbuch voller Expertentipps von Nicole Soames, mit praktischen Hinweisen und Übungen, um schließlich die Kunst des Verhandeln zu beherrschen.

Phil Dobson

Das Buch des Denkens

Eine Gebrauchsanweisung für das Gehirn

160 Seiten, Hardcover,
Euro (D) 17.90 | Euro (A) 18.50 | CHF 25.00
ISBN 978-3-907100-18-9 (Midas Management)

Warum erfahren wir so wenig über unser Gehirn? Schliefllich ist es an allem beteiligt, was wir tun. Aber nie bekommen wir eine Bedienungsanleitung – und darunter leiden wir. Wir haben immer »zu tun«, arbeiten viel zu lang. Wir reservieren zu wenig Zeit für uns selbst und fühlen uns dabei nicht wohl. Auch für andere nehmen wir uns zu wenig Zeit, darunter leiden die Beziehungen zu diesen Menschen. Vielleicht fühlen wir uns müde und ausgelaugt und können uns nur schwer konzentrieren, aber die einzige Antwort, die uns darauf einfällt, ist das, was wir ohnehin bereits tun: mehr arbeiten.

Die Lösung jedoch lautet anders: Arbeiten Sie clever! Dieses Buch soll Ihnen dabei helfen, die Prinzipien des Denkens und des schlauen Arbeitens zu verstehen – basierend auf unserem Wissen über das Gehirn.

Martyn Newman

Das Buch der Achtsamkeit

40 Wege zu einem achtsameren Leben

200 Seiten, Hardcover,
Euro (D) 17.90 | Euro (A) 18.50 | CHF 25.00
ISBN 978-3-03876-536-3 (Midas Management)

Die Forschung zeigt, dass wir emotionale Intelligenz brauchen, um in unserem Privat- und Berufsleben erfolgreich zu sein. Achtsamkeit ist eine praktische Methode, um diese Fähigkeit zu entwickeln und emotionales Kapital aufzubauen. Achtsamkeit ist auch nichts Neues, sondern eine uralte buddhistische Praxis, die aber gerade für das hektische Leben von heute sehr wertvoll und relevant ist. Achtsamkeit ist ein ganzheitlicher, auf Körper und Geist beruhender Ansatz, der den Menschen hilft, ihre Gedanken und Gefühle zu lenken, indem sie ihre Aufmerksamkeit auf eine bestimmte Art und Weise einsetzen: bewusst, im gegenwärtigen Augenblick und ohne Bewertung. Dies erhöht das Bewusstsein, die Klarheit und die Akzeptanz unserer gegenwärtigen Realität.

Dieses Buch beschreibt die sieben dynamischen Emotionen, die zum Erfolg führen, und bietet eine Schritt-für-Schritt-Anleitung für den Aufbau von emotionalem Reichtum und Wohlbefinden.

Ben Elijah

Das Buch der Produktivität

64 Methoden, um produktiver zu werden

160 Seiten, Hardcover,
Euro (D) 17.90 | Euro (A) 18.50 | CHF 25.00
ISBN 978-3-907100-79-0 (Midas Management)

Ertappen Sie sich häufig beim Prokrastinieren? Fühlen Sie sich gestresst und überlastet? Fällt es Ihnen schwer, Prioritäten zu setzen? Ben Elijah zeigt in diesem Buch, wie Sie kluge Entscheidungen über Aufgaben, Ereignisse und Verpflichtungen treffen, um von diesen nicht überrollt zu werden. Ob Sie als vielbeschäftiger Unternehmer mit ihren E-Mails kämpfen oder als Student ein großes Projekt planen müssen, Sie werden mit diesem Ratgeber in jedem Fall effizienter arbeiten. Planen Sie Ihre Arbeit anhand der täglichen Umstände, und Sie erreichen ab jetzt Ihre Zielvorgaben. Mit klaren Erläuterungen und verständlichen Diagrammen kann »Das Buch der Produktivität« Ihre Arbeitsweise revolutionieren.

Kevin Duncan

Das Buch der Diagramme

50 Wege, um jedes Problem visuell zu lösen

128 Seiten, Hardcover,
Euro (D) 17.90 | Euro (A) 18.50 | CHF 25.00
ISBN 978-3-907100-45-5 (Midas Management)

Viele Menschen empfinden es als schwierig, ihre Ideen in Worten auszudrücken oder gar Problemlösungen nur in geschriebener Form anzugehen. Visuelle Darstellungen sind da eine wertvolle Hilfe. In diesem schlanken, aber umfassenden Buch werden die 50 nützlichsten Diagramme vorgestellt und erklärt, die auch von Unternehmensberatern, Wissenschaftlern, MBA-Absolventen und Managern auf der ganzen Welt verwendet werden, um das Denken anzuregen und Probleme aller Art zu lösen. Sehr oft helfen schon einfache Darstellungen wie Dreiecke und Pyramiden, Gitter und Koordinaten, Kreise und Raster, um Konzepte, Ablaufschemas und Strategien für jedermann verständlich und sichtbar zu machen.

»Das Buch der Diagramme« präsentiert 50 Diagramme und erklärt Funktion und Anwendung in einer zugänglichen und leicht verständlichen Art und Weise. Zu jedem Diagramm gibt es Tipps und Vorschläge, wie man es auf passende Situationen anwenden kann.

Nicole Soames

Das Coaching-Buch

So werden Sie zum souveränen Coach

144 Seiten, Hardcover,
Euro (D) 17.90 | Euro (A) 18.50 | CHF 25.00
ISBN 978-3-03876-559-2 (Midas Management)

Coaching hat sich in der heutigen Unternehmenswelt, die zunehmend wettbewerbsorientiert ist vom Modewort zu einem grundlegenden und erfolgsrelevanten Geschäftsinstrument entwickelt, mit dem das Engagement und die Leistung der Mitarbeiter gefördert werden kann. Als Manager oder Führungskraft bedeutet dies, dass Sie eine Reihe neuer Fähigkeiten entwickeln müssen, um souveräne Coaching-Gespräche mit den Menschen in Ihrer Umgebung zu führen. »Das Coaching-Buch« ist ein anregendes Handbuch mit praktischen Werkzeugen und Techniken, die Ihnen helfen, Ihre emotionale Intelligenz zu entwickeln, damit Sie ein selbstbewusster Coach werden und Menschen befähigen können, ihr volles Potenzial zu entfalten.